# 施設心理士から伝えたいこと

児童心理治療施設などで働くケアワーカーへ向けて

高田 治

世織書房

# はじめに

社会は今、多様性の尊重などの思想的成熟、ＳＮＳやＡＩなどの技術進歩、テレワークの普及といった労働環境の変化など、多くの面で大きく変わりつつあります。子どもを取り巻く環境も変わり、子育て支援もそれに合わせて変化していくことが必要になっています。ここ一〇年でも、障がい者の合理的配慮やＬＧＢＴＱに対する差別解消など人権擁護が進み、児童虐待問題も注目をあび続けています。また、スマホは二〇〇七年に発売されてから一〇年で一三歳から四〇代までの八割以上が持つようになっていて、それに伴う子どもの生活、子育ての変化も見られます。

そのような変化の中、少年非行は成年の犯罪と同様に年々減り、日本は安全な国になっています。学校でも中学二年生以上の生徒の暴力は減っています。しかし、小学生の暴力はコロナ禍の休校などの影響でか二〇二〇（令和二）年度は減りましたがそれまでの五年間は増えていて、学級崩壊のような状態も

表　暴力行為発生件数の推移

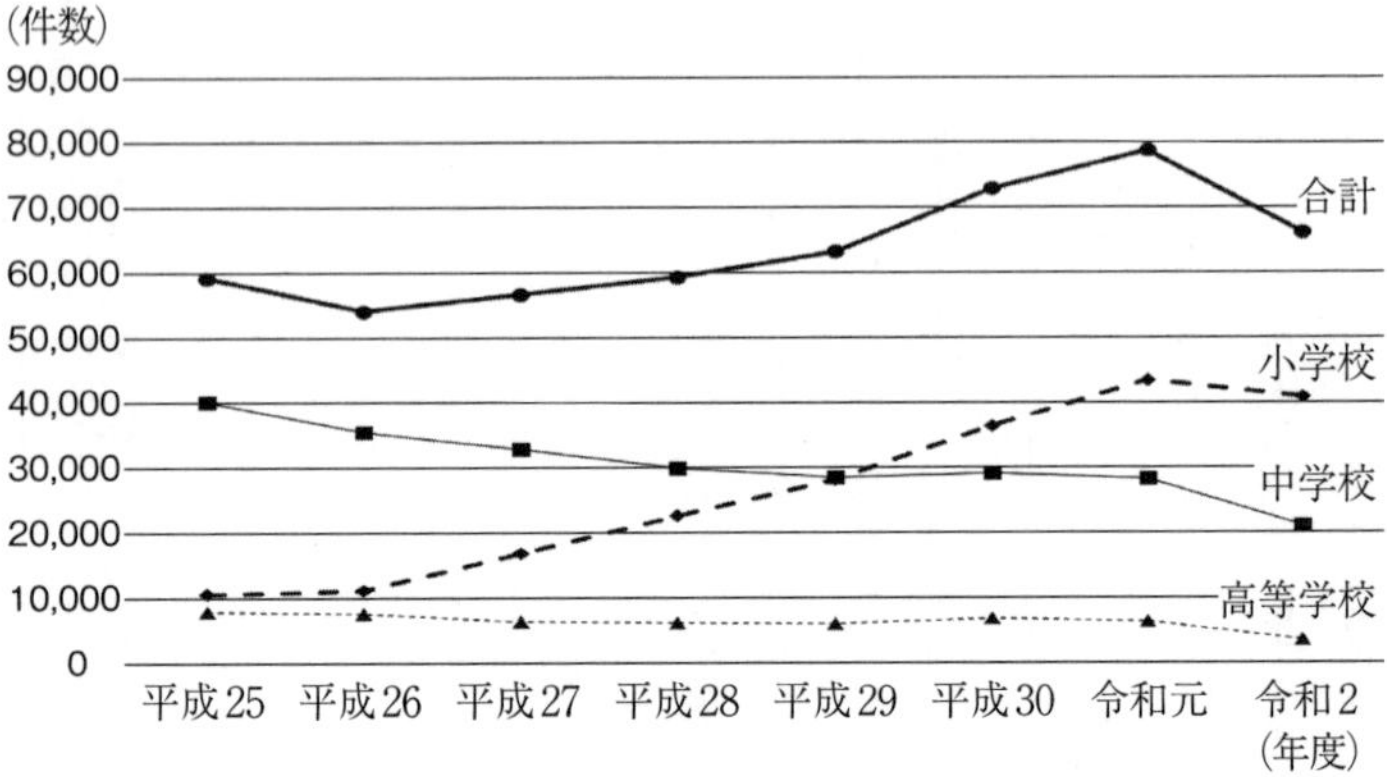


〈文部科学省『令和2年度 児童生徒の問題行動・不登校等生徒指導上の諸課題に関する調査』2021〉〉

小学校では増えています。

いじめも同様に二〇一九（令和元）年度までは増えつづけていました。自殺に関しては成人は減りつつありますが、青少年は減っていません。二〇二〇年に発表されたユニセフの子どもの精神的幸福度の調査では、日本はOECDまたはEUに加盟する三八カ国中三七位と低くなっています。

子ども達は、集団で非行を行なうようなことは減り、たむろするということも減っています。ゲームやスマホなどによりSNS上での関わりが増え、対面での交流が減っていることがその一因だと思います。公園で子ども達が遊ぶ姿も変わり、身体を使っていっしょにわいわい遊ぶのではなく、公園にいてもそれぞれがゲーム機に向かっている姿をよく見ると言われています。また、養育しながらのスマホの閲覧などが問題になっていますが、養育者とのやりとりも以前より減っているように思います。実際に大人との言語的交流で促される言語発達が以前より遅れている子どもが多いという印象を持っている専門家もいます。このように人との現実場面での交流が減っている印象があり、その分子ども達は擦れてひねていないものの、逞しさやしたたかさに欠け脆い印象があります。以前に比べて子ども達が幼くなって思春期的な反抗とは言えないクレマーのような文句が多い、という印象を持つ施設関係者の声もよく聞きます。

私が働く児童福祉施設の状況も大きく変わりつつあり、一〇年後でさえも予想しづらい状況にあります。児童虐待への対応から児童相談所職員の大増員が行なわれ、働く親のための保育所の拡充と保育士の増員、そして児童福祉施設職員の配置基準も上がり、児童福祉分野では職員確保が難しい状況が続いています。経験の浅い職員が増えている中、子どもや家族への関わりの難しさから、離職を余儀なくされる職員も多くいます。熱意を持ってこの分野に入ってきてくれた方々が去っていくことは忍びなく、職員の育成支援が児童福祉の分野では喫緊の課題となっています。

今後もコロナの影響から、オンライン授業が普及するなど学校の変化などが起きるはずです。このような激動の時代の中で、子どもの育ちや子育て支援、心理支援などを考えていくうえでは、本来人間とはどういう傾向を持って生まれ、どういう環境でどのように発達していくのかという基本的なところから考え、将来に備えていく必要があると思います。様々な学問領域の発展により、人間の進化の様子が随分解明されてきました。様々な学問領域が協働して研究を進める中で、人間は生き残るためにどのような心理学的な傾向を強めてきたのかを問う進化心理学の書籍も増えています。

私は、一九八八年から児童心理治療施設（旧情緒障害児短期治療施設）で心理士として働き、二〇一五年一〇月に新設された児童心理治療施設で施設長として、多くの若い職員達と施設を運営してきました。その中で、職員が持っている子どもの発達、心理支援など児童心理治療施設において必須な基本的な知識や考え方が、心もとないことを痛感してきました。ひどい言い方をすれば、心理学っぽい言葉や子どものためにという大義名分で自分の思い込みを覆っているようだと感じることも時にありました。子どもや家族の現実から目を逸らさず、自分の言動を内省し、様々な知見を参考に考えを検討するという専門家として求められる姿勢をあまり訓練されてきていないように見えました。しっかりしていない土台の上で、難しい対応に苦慮しもがいている様子は、痛々しくもありますし、それが子どもや家族にとって本当の支援になっているのか、害になっていないかと首をかしげることもあります。子どもの様子も大きく変わり、価値の多様化、権利意識の高まりなど社会が求める子育ても変わっていく中で、今までのやり方を参考にするだけでなく、新たな支援を創造していくためには、実践の土台となる知見を現場で身に着けることがますます必要だと思います。

こんなことを感じているうちに、私自身は年齢的に次の世代に現場を任せていく時期になりました。これまでは主に専門家としての自分を高めることを考えてきたのですが、ようやく若い施設の職員に対して自分が伝えられることを伝えたいと思うようになりました。そして、施設内で「人間とは」、「発達とは」、「治療とは」と基本的なことをなるべくみんなにわかってもらえるように伝えたいと研修を行なうようになりました。

私が専門とする臨床心理学の書物の多くは、ある程度の基礎知識と実践経験を積んでいないと理解しづらいものです。現場で働く職員は多忙と疲労から、家に帰って固い難解な書物から学ぶ余力は残っていないことが多く、そのような職員でも読んでもらえるような本を作れないかと思うようになりました。私が実践を重ねてきて、児童心理治療施設の子ども達のケアを行なっている職員、他の児童福祉施設の職員などに伝えたいと思うことを主にまとめたものが本書です。

第1章は、私の施設で行なった職員研修で使った文章に加筆訂正したものです。職員からあげられた疑問に触発されて加えてきた部分もあり、職員達と作ってきたものです。ですから、同じことを何度も述べていたり、構成が十分でなく、つぎはぎの感じは否めませんが、ご容赦下さい。第2章以降は、全国児童心理治療施設協議会の紀要に自分が書きたくて載せた論考、今まで書いてきたものの中で一般の読者に向けて書いたもの、講演録の中から選びました。現場の支援について、子どもの発達について、児童虐待についてなどですが、どれも実践の中で考えてきたものです。実践の中で私にとって役に立った知見をもとに書いたものが、若い実践者にも役立つことを願っています。

本書が変わりゆく時代の中で、実践を考える踏み台となり、時代に即した支援を創造する材料となることを望んでいます。

# 施設心理士から伝えたいこと

## 児童心理治療施設などで働くケアワーカーへ向けて

目　次

第5講▼子どもの生きる力へのまなざし・I

## 生活場面における心理発達支援の観点・その1

施設心理士から

# 伝えたいこと

児童心理治療施設などで働くケアワーカーへ向けて

## 第1講▼心の素顔を眺めるために

# 子どもの心理治療・支援の考え方

まずは、心の動きについて。ある状況で人はどのように振る舞うか、その言動を決めるのが心の動きとされています。それを理屈で説明しようとするのが心理学です。しかし、人は基本的には言葉で考えることなく、自然にどうするかを決めています。言葉で考えて行動するということは、実はそんなにありません。自分のことを考えればわかります。例えば、走り高跳びを考えてやろうとするとうまくいきませんよね。

状況を把握するときの手がかりが感覚、感情です。「いやな感じがしたから……した」ということです。この感じは言葉で説明するのは難しい。言葉よりはるかに情報量が多いからです。感覚は、他の「感じ」と区別することは可能であり、研ぎ澄まされていきます。感覚、感じ、それを伴ったイメージを頼りに動きを身につけていくので、研ぎ澄まされた感覚を持っているほうが緻密な動きができます。

スポーツ選手は身体の隅々の感覚が鋭敏です。イメージは映像に限りませんが、感覚と時間の流れが入っています（高跳びのイメージなど）。

人は生まれながらに持っている行動パターン（唇にふれたものに吸い付く原始反射など）があり、成長とともに誰に言われなくても繰り返し練習して新しい行動パターンを身につけていきます。立つときにいちいち考えて立たなくていいのは繰り返し身に染みつけた行動だからです。

リハビリでは立つための筋肉の動かし方、姿勢の取り方を考えて改めて身に染みこませていきます。言葉では説明が難しいので、コーチが必要になります。ボールの投げ方、スキーの滑り方など初めての動きを教える時に、教え方が下手な人は言葉を重ねて相手を混乱させてしまいます。感覚と身体の動きを熟知してポイントを押さえることをしないといけないのですが、普通は何となくできてしまっているので、その分析が弱く、言葉で補おうとして、余計な混乱を招きます。深呼吸の仕方を教えようとしたらどうしますか。

行動パターンを身につける時に先ほどの感覚、イメージを利用するのが、いいコーチのやり方です。人は目の前の人の感覚が伝染して伝わってくるようにできているので（相手の行動を見て、自分自身まで同じ行動をとっているかのように反応をする脳内の神経細胞ミラーニューロンというもののおかげです）、モデルとなる人がいることは大切です。身をもって伝えるとか、背中を見て覚えるというのは、感覚、感じ、イメージを共有することで、モデルとなる動きを身につけるということを意味しています。

上手なコーチになるには、目の前の人の欠点を真似することができないといけないそうです。真似をしてその感覚から、どう修正すればよいかを考えるそうです。修正も、「重心を……」とか、「膝の角度を」とか言われても普通できません。動かしやすいポイント（腕の動きとかは動かしやすいので、よく使うのでしょうか）を探して示すことで、その動きに連動していい動きが身につくようにコーチするようです。

「言えばわかる」「考えればできる」ということは、普通できないと考えるべきですし、まして、言ってできないから責めるというのはきついです。丁寧に理詰めで説明したくなりますが、子どもに理解はできないと思います。話が長いと嫌になるし、ついていけなくなる。重心とか、膝の動きで説明するのは理屈にはかなっていますが、意識しづらいし修正しにくいので、教えてもうまくいきません。感覚的なポイントを押さえる方が伝わることが多いのです。「ズ～～ン、グッ、パッ、ス～」はスキーのターンのこつです。理屈で教えるよりこのほうが覚えが早い人がいます。

身体の動きだけでなく、場面場面に対応する仕方も身につけてきた行動パターンです。感覚を頼りに微調整しているのが普通で、いちいち言葉で現状を分析する人は少ないと思います。そんなことをしていると時間がかかってすぐに反応できません。感覚を頼りに対応を変えるので、より多様な感覚を自覚できるほうがいいと思います。しかし、あまり細かいと疲れます。ある種の鈍感さ、暢気さを持っていることは健康です。自然に身体が動いて上手くいくことは、子育てなどでは大切なことです。たいていのことであれば自然に体が微調整して上手く動くというのが最高な状態だと思います。「素人さ（理論を持つ専門家とは違う）」と言われることもありますが、感覚、感情が的確に状況を反映し、的確な行動の調整に結びつくということが多いのです。非合理的とされがちな感覚、感情ですが、結果として合理的な動きを導くことがあります。感情は思考に劣るわけではないということです。

どういう状況を生きてきて、どういう行動パターンを身につけたかは、人それぞれで異なります。大人はみんな自分を応援してくれるという幸せな環境に育った人は、知らない大人に会って「自分が責められる」と警戒することはありません。自然と笑いかけることで、大人が可愛がりたくなって、楽しい時間を過ごせます。逆に、大人からひどい目にあって育った子どもは、「何か嫌なことが起きるかもしれない」と警戒することが身に染みついています。大人に怪訝そうな目を向けるので、大人からも可愛げのない子と見られ、緊張の時間を過ごすことになります。安心できると周りから見える状況でもどうしても警戒してしまい生きづらくなります。

一度身についた行動パターンはなかなか修正できません。身体の動き方でもそうです。歩き方を変えてごらんと言われても難しい。「爪先とかかとを同時に地面につくように歩いてみて」と言われてすぐできますか？　そして、「常にそういう歩き方をして」と言われてできますか？　同じように、ある状況で問題とされる行動、症状とされる言動をしてしまうのは、それまでの経験で似た状況に対処するために身につけてきたことが、自然と起こってしまっていることと考えられます。だからそのことを変えようとして、言葉で「考えて」と言われても簡単には修正されません。

状況判断もパターンですし、その後の動きもパターンです。適切とされる対処方法が身につくまで、繰り返しの経験、練習が必要です。生活の中でこの練習が行なわれます。時間がかかりますが、試行錯誤も必要です。

# 1　治療、支援とは

## 1　治療のイメージ

### （1）健康さとは、治療など特別な支援が必要な状態とは

そこそこうまくいっている健全な状態とは、いろいろな状況にあっても、それほど考え込まずに自然に何となく振る舞えて、大きな不都合が起きない状態です。苦境になっても何とか工夫して対処できることが健康さです。健康な人は、様々な場面にあわせたその人独自の振る舞いをするのでバリエーションが多く、どう動くか予想ができません。健康な人の振る舞いにしなやかさや自然さが感じられるのは、微調整ができるからです。また、細かな状況にとらわれ動揺する人より、暢気に構えられる人は健康な人です（周りがやきもきすることはありますが、本人はいたって自然です）。

ゆったり構えられる人は、新奇な場面に好奇心を持って向かうことができます。前向きに対処できるほうが、無理のない対応を身につける可能性が上がります。優れた心理臨床家に育ちのいい人が多いのは、いつも安心を感じて好奇心をもって過ごしてきたからだと思います。そして、たいていの状況であれば前向きに対応してきた、できるという感覚（楽観性？）があるからだと思います。その楽観的な雰囲気につられて、いっしょにいる人が安心を覚えるということもあると思います。同じ境遇になってみ

ないと思いはわからないとよく言いますが、支援関係では大変な思いを抱いている人に怖がらずに寄り添えることが大切です。同じ境遇を味わったがゆえに、ムキなったりして無理な対処をしてしまうこともあります。

自分でどうしても不快感が抑えられない、いい工夫ができない場合や、対処方法が周りに迷惑だったり、受け入れがたい（例えば引きこもり、ご飯をまったく食べない、暴れてしまうなど、中にはわざと危険に身をさらしスリルを求める人もいます）と治療の対象と見なされ始めます。不安に駆られて、状況が異なっていても「責められている気がする」と思い、いつも同じような振る舞いになってしまうこともしばしばあります。きっかけが同じようなことであれば、周りの様子や前後の状況が異なっても、同じような振る舞いになってしまうことも多いのです。こうなると頑なでこだわりが強いと見られ、うまくいかないことも起こります。また、同じような思いをして苦しんでいる人達は似たような振る舞いをします。その振る舞いがあることで、抱えている心の問題が推測されます（診断基準になります）。

### （2）治療、支援の目標

治療というと、不都合が除かれて元の健康な状態に戻るというイメージを普通抱きますが、発達期にある子どもの心の治療はそのようなイメージではありません。子どもが、地域の中で必要に応じて助けをえながらも自分の世界を広げ、自ら育っていける力をつけるということが治療目標になります。小学校一年生くらいなら自然に身についている力、「不安を宥めることがある程度一人でもできる」、「困ったら相談できる」、「ほかの子どもの動きにあわせられる」、「先生の言うことが聞ける」などが思いつきます。

子ども時代は生活の中で生活スキルを身につけて行く時期で、多くの子どもは特別な対応がなくても自然に身につけて行くのですが、児童心理治療施設に入所するような子どもは、育ちの中でその力、スキルを身につけられなかったと考えられます。その原因が発達障がい的な本人の特性であったり、育ってきた環境で適切な経験が積めなかったこともあると思います。そのようなことを考慮して力がつけられるように支援することが、治療的ともいえます。心の問題の多くは、完治するというイメージよりも、具合が悪くなることもあるが、そうならないようにケアしながら暮らせば普通に暮らせるという、慢性疾患のように考える方が適当で、過敏さ、動揺のしやすさ、感情の激しさ、心の脆さなどを抱えながらどう生きていくかを支援することが治療となります。子どもは多様な生きにくさを抱えながら生きていくものであるという認識は、障がい者支援にも通じるものです。

児童心理治療施設の目的が、「社会生活に適応するために必要な心理に関する治療及び生活指導を主として行い、あわせて退所した者について相談その他の援助を行うこと」なのは、ある程度の配慮が必要でも地域で健全に成長していける力をつけることを目的にするということです。

### (3) 治療動機の大切さ

治療のイメージを大胆に考え直してみましょう。症状は消さなければならない、何かができるようにならなければならない、身につけなければならないというところから始まると、今のその人を否定する可能性があります。その人が今、生きづらさを感じていて症状を消したい、生きやすくなるために症状を和らげたいという治療動機を持っているのであればよいのですが、消すために治療を受けるべきだと他人が強いれば、その人を否定する危険があります。精神科医療が人権問題を常に抱えながら発展してきたのは、本人の思いを考慮せず周りが何とかしようとしてきたからです（異常だとして差別し、社会から強制的に隔離し排除してきました）。

生きづらさの原因が、被害であったり、生まれながらの障がい、能力であったりして、本人が自分のこととして抱えられない（「被害者なのになんで私が治療で苦しい思いをしなければならない」「どうせ障がい児だからしょうがない」とか）場合もあります。しかし、苦しんでいるのは本人なので、楽になるためには自分で治療を受けるしかないと治療動機を高めていくことが大切です。気の毒でも、本人の苦しみを代わってあげることはできません。気の毒でその人を何とかしたくなるのは、支援者の方がその気の毒さに耐えられなくてその状態を変えたくなるから、ということはよく見られます。

### （4）普通でないとされること、問題とされること、人権の問題

何を疾病とするかも時代とともに変化しています。子どもの暴力は非行という矯正されるべきものから、素行障害として治療対象とされるようになりました。以前は善悪の判断ができない、自分の行為がどのような結果を招くのかを考えられないことが問題で、教育的指導がされてきました。今は、不安に

なると逆にスリルを求めて無謀なことをしてしまう人がいたり、「わかっちゃいるけどやめられない」という自己コントロールのできなさが注目されるようになり、治療の対象となってきました。また、LGBTQは、以前は性癖、異常とされていたものですが、今は市民権をえつつあります。多様性の議論では例としてよくあげられます。依存症の考え方も本人の性格の弱さではなく病気であるというように変わってきています。

また、人権擁護の視点は、治療のみならず指導、教育にも改変を促します。発達障がいを受け入れること、合理的配慮が課されることで、学校は大きく変わらざるをえません。これまでの学校に適応することを求める姿勢（不登校児も登校できるように支援するというように不登校児が変わることを求めています）から、障がいを持つ子どもに学校があわせることを求められるようになりました。

症状とわがままの差はどこにあるのか、本人を見ているとわからないことがあります。基本的には症状は本人がコントロールできないものです。しかし、努力すればできる時もある場合をどう考えるか。相当な努力が必要で、五割くらいしかできないのであればコントロールできないと考える方がいいです。そのような行動に対して、できないから努力が足りないと責めると無力感（学習性無力感）を生む可能性があります。「やってられない」という思いになってしまうこともあります。アルコール依存や万引き依存など「癖」つまり「努力して治すもの」とされてきたものを、病気としてとらえることが広がっています。

話が少しそれますが、それぞれの施設で定められたルールから外れた行動を止めるか否かという点では、止めることでその後その子どもにとってよい方向に向かうか、より状態が悪くなるかも考慮する必要があります。スマホを生活場面に持ち込むことを禁止している施設もあるかもしれませんが、スマホでしか人との繋がりを感じられない子どもにとって、スマホの使用をどう考えるかということは、一律には決められない問題です。

## 2　支援に関連して

### (1)「できない」のか「しない」のかをめぐって——無力感、自信のなさ

子どもを見ていると、できないのか、しないのかをどう判断するか迷うことがあります。指導する側は基本的に「やらない」という主体性があることを前提にしたくなります。意識しているなら、考えを変えればいい、説得すればいいということです。本人が意図していないのならば打つ手がなくなる、指導側に無力感を生むことになります。「試し行動」という言葉を私が嫌いなのは、あたかも意図して試しているというニュアンスを残しているからです。この言葉を使うと、大げさに言えば子どもと敵対する感じがあります。実際は、確かめざるをえないという心境だと思います。怒らせたいわけではなく、怒るかどうか確かめずにおれないということでしょう。この受け取り方の違いは子どもに接する時に大きいと思います。

虐待を受けている子どもは大切にされてきていないので、自分の思いを聞いてもらい、かなえてもらう経験があまりありません。そのため、自分の意図で周りを変えられるという思いが抱けません。自分

の思いがかなえられると思えないので、「自分は……」という主体性も育ちにくく、自分を変えられるという自信も育ちません。そうなると、「できるけどしない」という主体的な感じにもなりません。「やろうとしてできない」ともなりません。「どうせできない」から「どうでもいい」という投げやりに見える言動、態度になります。だから「困っていない」ように見えます。そこで大人は「やろうとしないからできないんだ」という追い打ちをかけてしまいます。子どもはさらに委縮したり、ふて腐れたりします。

こんなことを意識することが大切です。うるさいのに乗じるのは、楽しくて乗っている面もありますが、楽しいわけではないけれど「自分はうるさいのがいや」という主体的な思いが弱いからという面もあると思います。周りにつられるのは、人として大切な傾向ですので、それに抗うには主体性が必要です。

自分が周りや自分自身に影響を与えられるという感覚、自分を変えることができると思えるようになるためには、自分には何かができる力があると思えないといけません。自信ですね。自信を持つためには「できた」という体験が必要です。同時に、無力感を生むような関わりは避けるべきです。「この子はしないのだ」という判断をする時に、「できるけど」という感覚を子どもが持っているか否かの判断が必要です。判断を誤ると「できないのにやらされる」ということになり、無力感を生む可能性が高くなります。

判断はどちらかを選ぶというイメージですが、見立ては様々な可能性を考慮しながら一時的な仮説を立てるということです。決めてしまうよりは、訂正する余地を残して、仮説を調整していくということは肝に銘じましょう。

## （2）自分を意識すること、自信をつけることをめぐって

大人が乗せてやらせてできる場合があります。つられてできちゃったという体験は集団の中では結構あると思います。「できるかも」と思えることで「どうせできない」という思いが和らぐこともあります。なんとなく身についていたというのは、いい体験に思えます。集団の中にいることのよさです。学校に適応していればなんとなく身についていくというのが、学校の集団教育のよさです。

主体性の感覚とか、自信というものはいつも意識しているわけではありません。何となく過ごすことが大半で強く意識をしたことがない人もいるかもしれません。やんわりとその場に適応してその場の動きに乗って過ごしているということで、できることが増えていくのが自然な状態だと思います。強く意識することの方が特別な体験で、自分を意識したり、意識して努力することは、自然な流れから際立つことです。ですから強く褒めたりすると特別なことになって反作用のように、やらせる圧力を感じとってしまい、またかたくななほうに戻ることもあると思います。

ほめると少し違う関わりに、感心するというのがあります。「へー、そんなことできるんだ」という感じでしょうか。これは割と、言われたほうが傷つかないものです。その人のあり様を認めた感じが強くなります。

自然に身についていくことが楽でいいのですが、集団の流れに乗ることに難しさを抱えている人もいます。「普通でない」という意識は、自然に乗れないことの表れでしょうか。この話題については、また後にふれることになります。

## (3) 支援機関について

それぞれの支援機関には、どのような人に対してどのような支援をするかという目的があります。それに対応できるように、それぞれの施設には規則があります。施設のルールは、他の子どもの安全、安心を守るために必要です。個別の対応が、ルールにふれる場合、他の子どもの安全を脅かすかが一つの判断材料でしょう。当人にとってはやむにやまれぬことであっても、他を脅かすならば、この施設にはいられないとなることはあります。ただし、ルールの設定が合理的か、他の社会状況も含めて適当か否か(他に、居場所があるかなども含めて)も考慮する必要もあります。そのため、児童相談所(以下、「児相」と記す)との協議が必要になります(児相が委託者だから)。

施設の方針を固めて安定させることも大切ですが、社会の要請にどう応えるかも大切で、児相などの外部の機関に開かれていることが必要です。児童心理治療施設は、時代の中で新しく注目される子どもの心の問題に先駆的に取り組んできた歴史があります。二〇年前は発達障害の支援は集団生活では無理と考えられていましたが、やってみるとそうでもないことがわかってきました。被虐待児が入所児の三割を超えると施設が崩壊すると言われましたが、そうはなっていません。社会情勢に応じて施設も変化していく必要があります。そのような挑戦的な試みを通して支援の本質が見えてくることがあります。その知見を広めることも児童心理治療施設の役割です。

　子どもが他害や逸脱行為をやめられない場合、素行障害として支援を受けることになります。支援機関としては児童自立支援施設や少年院、医療少年院が考えられます。刑務所では、「特別改善指導」として「薬物依存離脱指導」「性犯罪再発防止指導」の中で認知行動療法などが行なわれています。児童心理治療施設にも支援対象の範囲があり、より適切な機関があればそちらを利用するほうがいいのです。支援の過程で適切な支援機関に移ったほうがよい場合もあり、支援機関のネットワークは必要です。児童相談所はその中心に立つ機関です。一つの支援機関に入ったらそこにずっといるという考え方は、支援の幅を狭めます。成長に応じて移動できるような、具合が悪くなったらレスパイトできるような支援機関のネットワークがあることが望まれます。

　生活の場を変えることが子どもにとって負担になったり、「追い出された」と思ったりすることはあります。移動の際には、「自分のために」、「より成長するために」、「ゆっくり休んで元気を取り戻すために」というように、前向きな意識を持てるような支援が必要です。自分で選んだという体験があれば、移動のデメリットは減ります。

## 3　安心を生み、支えあう集団、治療共同体をめざして

### （1）共同生活のよさ

これまで治療について述べてきましたが、ここで共同生活について考えてみましょう。共同生活の利点は、協力して危険を避けられるなど、一人でいるよりできることが増えるということが考えられます。頼りにできるということですね、みんなといっしょだと心細くないということがあると思います。幼児でも自分と同じような年齢の子どもに関心が向く傾向を持っていますが、人は進化の中でそういうものを身に着け、安全をえてきたと考えられます。

それでは、安全な集団であるためには、どんなことが必要でしょうか。ルールを守る、わがままを言わない、自分勝手にならないなど、してはいけないことが思い浮かびます。ある程度の行動の制約があった方が見通しを立てやすいということがあると思います。突然襲われることはないと思えるのも刑法のおかげで、犯罪被害に遭わないという見通しを立てられます。約束を守ってもらえるから、それにあわせた見通しを立てられるということがあります。常識というものにそって動くことが期待されるのもそういうところです。

### （2）集団のメンバーが見通しを持って暮らせること、安全を前提に多様性を認めること

これまでの歴史の中で、障がいを抱えた人が集団から疎外されてきたのは、「普通」の常識が成り立ちにくいからでしょう。精神障がい者の差別などは、その面が強かったことは、ふれました。危険が渦

巻く状況では、規律が大切で約束事も多く、個々の自由が制限されがちです。軍隊や消防士、警察、飛行機の整備士など、危険を常に意識する仕事ではそういう面が強くなります。ある程度安全であれば、個性が許される範囲が広がり、多様性を認めることができるようになります。多様性を認めるということは、狭い常識から外れることも受け入れていくことですから、見通しを立てにくくなる可能性があります。

それぞれ異なる人が集まって暮らす中で、多様性、個別の対応を認めることと集団の安全、安心、秩序を守ることの折り合いをどうつけるか。この課題への対処が社会の成熟度を表します。価値観が明確でそれに反する者を排除する社会もあれば、価値観の多様性を認めようとする社会もありますが、他者の権利を侵害しないという点は、どの社会でも前提となっています。社会秩序に守られる（知らないうちに危害を加えられることはないという安心があってこそ、居場所の感覚が芽生えます）という面はとても大きいのです。

障がいに対する「合理的配慮」の「合理的」には、一人の肢体不自由の子どものためだけに学校にエレベーターを増設するというような、大きな財政負担を強いることまでは求めないという意味が含まれます。その状況に応じて大きな不公平感を招かないこと、集団の秩序を壊さない、その子どもが工夫できるのなら周りとの工夫で折り合うという意味が含まれます。個別対応は、他の子が「あの子にはしょうがないよ、やったほうがいいよ」というのが理想です。多様性を認める集団を作るために、私がたどり着いた思いは、「自分だけがよければいいというのではなく、みんなが生きやすくなるために工夫する」ということです。

（3）集団の安心・安全を保証するために、決まり事などをめぐって

人が集まってそれぞれの人が思い通りに動くと、予想を立てることが難しくなります。そうなると、まずいことが起こることも想定しながら暮らさざるをえないのでいつも不安を抱えることになります。自分を守るために警戒し、まずいことに対処できるようにテンションをあげておく必要があります。この状況は大変疲れるので、人は目の前の相手を傷つけない‐傷つけられないなどを確認しあうようになりました。挨拶とか会釈とかはそういう面があります。そして仲間を傷つけないなどは暗黙のルールとなってその集団にいる限り守るべきものになりました。

集団が大きくなるとそんなに親しくない人ともいっしょにいて安心する必要があります。そうなるとルールのようなものが必要になってきます。特に個人の仕返しを認めていると、個人の感覚で仕返しが行なわれるので、延々と繰り返すことが起きます。それは集団にとって安全を損なうことなので、衝動的にやり返すことを我慢するようになりました。個人的にやり返すことをやめて、集団が決まりを作ってそれに反するものを集団が罰するという形になってきました。それが法律の制度化につながっていきます。

権利擁護についても、そう考えるとわかりやすいと思います。権利は他人の安全を奪ってまで主張することはできません。ルールもみんなの安全を守るためというのが基本になります。

ルールは、安全を保障するためだけではなく、効率よく協力をして何かを行なうためにも使われます。余計な心配をせず、リスクを避けて、行動できるようにするということですね。それがマニュアルになります。どうしていいか不安な人でも効率よく動けるためのものですね。時間を守るなどの約束事も、それが守られるからこそ緻密な計画を立てられ実行ができます。

決まり事、ルール、マナーなどは集団で過ごすときに、脅かされず安心感を持てるように、共同作業においてまずいことが起きないようにというように、不安を抑えるものです。ですから、ルールの基準がぶれることは不安を生みます。ルールは作ったからには守らないといけません。個別性や状況によって変わるものはマナーでしょうか。

（4）共同生活の持つ治療的、支援的なメリットを生かすために

人にとって、同じ感覚を誰かと共有できることは支えになります。集団でうまくいかなかった居場所がなかった人達、つまり「自分は普通ではない」と感じている人達にとっては、「自分だけじゃない」と思えることはとても救いになります。自助グループなどは同じ病気、同じ不具合を抱える人達が集まることで、気負いなく無理せず自分を出してもよいという安心感を生もうとしています。人それぞれ不自由さを抱え、不完全な自分でいてもよい、めざす方向を決められてしまう（病気は取り除かなければならないなど）ことはないというメッセージは、疎外感を減らし、支えられる感覚、安心感を生みます。多様性が保障されることは安心につながります。

人は集団の中に自分の居場所があることを基本的には求めます。脅かされず、無理しなくてもよく、役に立っている感覚をどこかえられるというのが、居場所がある感じでしょうか。人それぞれでいいというものの、いっしょに暮らす他の子ども達の安心が奪われることがあってはいけません。また、子どもが不公平感や嫉妬を抱くこともあります。個別対応の理由が先ほど述べた「症状」か「わがまま」かによって子ども達の受け取りは異なるでしょう。入所施設で二四時間いっしょに暮らしている子ども達は、その子が症状をコントロールできずにもがいていることは当然知っていますし、その症状で他の子どもも悩まされていることもあります（食べられない子どもを心配したり、すぐに怒る子どもには怒らないように接したり）。特別な対応で共同生活がより平和になるのであれば、子ども達はむしろそれを望むのではないでしょうか。例えば、落ち着かない子がユニットから離れ静養室（ユニットから離れて一人で生活できる部屋でＴＶもある）を利用する。静養室でＴＶが自由に見られていいなと思うけど「ずるい」と反対することはないですね。難しい子どもの対応を子ども達に「みんながより心地よく暮らせるようにするには、どういうふうにすればいいかな」と聞き、いっしょに考えるという姿勢を職員は持つべきだと思います。

集団には当然人をないがしろにしがちな傾向もあります。集団になると人は冷静さを失いやすいこと、判断がゆがみやすくなることなどを心理学は教えています。集団になると人は基本的には不安がよぎり合理性を失いがちになることがわかっています。「三人寄れば文殊の知恵」はあまり起きません。「船頭多くして船山に登る」のほうが多いかもしれません。不安は頼りたい思いを生み、上下関係が生まれ、支配関係に発展することが多くあります。メンバーに均一化を求める傾向も強くなります。お互いを認めあい、モデルにするような対等な関係が理想ですが難しいのです。

集団というと学級のような同等な立場の人の集まりをイメージしますが、それはむしろ特殊な集団です。異年齢が集まり新人－古参（教え役）というような序列があるほうが、自然な集団だと思います。拡大家族のイメージです。それぞれの役割があって、時間とともに役割とともに知識や技能が自然と伝えられていくような感じでしょうか。施設のよさもそこにあると思います。児童自立支援施設の子ども集団はそんな面をめざしていました（寮父母－先生役の古参－新入児という感じ）。多分、自助グループも新参者と古参者という関係が意味を持っていると思います。モデルがいることはとても大切なことで、人を見て新しいことを身につけたりする学習（モデリング学習）は、できたら褒美がもらえるような学習よりも効率がよいことが知られています。

通いの職員で形成される施設の職員、こども集団は、寮長と子どもという昔の児童自立支援施設の集団と比べて、特殊な集団かもしれません。子どもは二四時間施設で生活しているために、職員との溝はできやすく、職員はいっしょに生活を作る人というより指導・支援という形になりやすいように思います。

私が働いている施設は、精神科病棟をモデルにした横浜いずみ学園の構造を踏襲しています。ナースステーションがあって、周りに病室があるという構造で、なるべくすっきりしていて余計なものは置かない、という建物です。治療者－患者という関係が機能しやすいように作られています。そういう建物でいっしょに生活を作ると言ってもやりにくいとは思います。筑後いずみ園の母体であるのぞえ病院は木を内装に使っていていたる所に装飾品があり、廊下も曲がり角が多い、病院臭くない建物です。治療共同体をめざしてそのような建物になったと思います。建物は今後何十年かは建て替えられないため、いっしょに生活を作ろうとしても、やりにくい面は多いと思いますが、工夫をしてできるところは変えていってほしいと思います。

職員が子どものモデルになることはできますし、子どものことを想像しようとすることはできると思います。均一な集団よりも多様な人がいることで、多くのことが身につけられる可能性がありますし、多様な価値観にふれることもできます。均一になりがちな集団に多様性を保障することは難しいことですが、その努力が民主主義を生み、暴力を減らしてきた、人権が守られてきた歴史があります。

## 4　支援的な関わりとは

### (1)　他者性が前提

人が新しいものを取り入れて大きくなるように、社会も新たなものを取り入れることで発展します。民主主義は多様性が前提です。自分とは違う存在であるからこそ、相手の心を想像し理解をしようとします。相手の心に思いを馳せることで人は成長します。「自分なら」という理解だけでは、自分の中にとどまっているだけで、相手の置かれた状況を相手がどう認識するかということには思いがいたりません。相手がどういう景色を見ているか、どういうことが起きそうと感じているかを想像することが大事です。そのうえで、「「他者」になりえないし、「他者」の感情はわかりえないというあきらめも合わせて必要になる」と藤岡孝志（二〇二〇）は書いています。

このことはかなり強調しないと、養育は親子の一体感といったイメージが強いため、担当者は「他者」である感覚を失いやすいです。自分が感じていることを子どもも感じていると強く思い込んだり、「自分が導かねば誰がする」という使命感を強く感じたり、指導者としてのプライドを傷つかないようにしたいなど、いろいろなものがないまぜになってしまう場合があります。この密着した関係になると、周りの人は担当者に意見しづらくなります。遠慮してしまい口を出しにくく、周りの働きかけではこの関係はほどけなくなります。いわゆる抱え込みです。「他者性」という一見冷徹な印象を与える言葉がホンワカした「愛」を求める人には抵抗を生むようです。子どもが「愛」を求めているかのようなしがみつきをする場合は、特にそうなりがちです。担当職員が二人いても、温度差が生まれ子育てでもめる夫婦のようになってしまいます（「この子のことは私のほうがわかってる！」）。

好奇心も共感も「他者性」が前提ですが、この認識はしっかり身につけるべきことです。どこか「なんだかんだ言っても他人のこと」という感じを持っていられないときは、職員のほうの心の動きを見つめるためにも離れたほうがいい。

「寄り添う」という言葉は、そばに寄って、その人の動きに添っていくということです。相手の動きを変えようとしたり、邪魔したりしない。あくまでも相手の動きにあわせることを意味します。川沿いの道は、川にぶつかることも川に入ることもありません。川と道は別のものです。

認知症医療とケアの第一人者である長谷川和夫氏が、自身が認知症を患ってこんな支援をして欲しいと紹介されたエピソードです。

公園を歩いていた小さな子が転んで泣き出しました。すると、四歳くらいの女の子が駆け寄ってきました。小さな子を助け起こすのかと思い見ていたら、女の子は、小さな子の傍らに自らも横ばいになって横たわり、にっこりと、その小さな子に笑いかけたのです。泣いていた小さな子も、つられてにっこりとしました。しばらくして、女の子が「起きようね」というと、小さな子は「うん」といって起き上がり、二人は手をつないで歩いていきました（長谷川 二〇一九）。

子どもが大変だと言ってきてくれると、大人はついアドバイスをしたくなります。子どもは何とか今の状態を脱したいと思っていて話してくると思い、応えなきゃいけないと思うことが多いです。でも、子どもが本当に求めていることは、まずは今自分では脱することができないけどもがいている（川の流れは落ち着いていない）ということです。そこを一度押えたいものです。それなしに下手にアドバイスすると、「こうすればいいんだよ、そんなことできないの」といった感じに子どもが受け取り、「あなたはだめね」と言われたように思ってしまいます。生きてきた歴史を抱え今の振る舞いにいたっていることを大事にすれば、軽々しく助言や批評などできないというのが、尊厳を守る感覚だと思っています。「他者性」を重んじることは、相手の尊厳を守ることにつながります。

依存症の家族への支援でＣＲＡＦＴ（Community Reinforcement and Family Training. コミュニティ強化と家族訓練）という方法が広まりつつあります。当事者に関わる場合のスキルとして、「問題をしりぬぐいせず、無理な要求を断るなど過干渉な方法から手を引く」「本人なりに人生を切り開いていくことができると家族が願い、信じられる」「回復への努力は本人が担うべきことで、家族としてそうした本人の試行錯誤を伴う努力を落ち着いて見守る」ということがあげられています。

## （2）相手のことを理解する怖さ

もちろん、どうせ他人ごとだからとその人を理解しようとしないのは寂しいことです。学生の頃、小児1型糖尿病の子どものキャンプの中で、グループによる話しあいを行なったことがあります。同じ病気を抱える子ども達は、しばらくするとぐ～とまとまり自分達の思いを語り始めました。同席している私は、段々置いてきぼりなった感じになりました。「悔しいけれど君達の話していることがよくわからない」と発言したら、中学生の女子が「わかってくれようとする人が居るのが嬉しいんだよ」と返してくれました。私が救われた一言です。

ただ「わかろう」としても限界があります。あまり言われませんが、人のことを深く理解しようとすると怖くなってくる（不気味な感じ）ものだと思っています。特に逆境で生きてきた子どもの心を理解しようと思えば怖くなります。だから勇気がいります。

怖さに目を向けずやせ我慢していると、ムキになって子どもを変えたくなります。「そんなことは他の人にもあるよね」とか「そういう過去があってもこれからこうしていかないといけない」とか、様々に説教めいた感じになってしまいます。これは近寄り過ぎた反作用（磁石のN極とN極、S極とS極を近づけたように）で弾かれたような感じともいえます。そうなると子どもの理解からは遠く離れてしまいます。子どもの話を聞いて想像していくうちに、自分の記憶が呼び覚まされ不快な臭いや触感がまざまざと思い出されるくらいまでになったら、そこで止まって自分を守ることが大事です。ぼ～として頭の中にもやをかける感じも大切だと思います。臭いや触感は振りはらうことが難しいものです。鼻につくようになったら、なかなか修正できません。些細な臭いも気になってしまいます。ぎりぎりの距離を保って、道が川と交わってしまわないようにするためには、こういう防衛も大切だと思います。ダンスを見て感じられるようなもの、リズム、強弱、テンポなどの流れる空気を感じることが人の理解では大切と言われています。少し離れて、見て、聞いて、空気に浸るような感じでいる感じが、いい距離だと思います。

子どもがこちらに向けて訴えたり、怒りを向けたりしたときに、心が揺さぶられてしまいます。そうすると対処できない自分に焦り（裏側に無力感）が生まれ、何とかしようとあがこうとします。反論したり、説得しようとしたり、アドバイスしたりしがちです。でも自分の心の動きに素直になると、まずあっけにとられていたり、びっくりしたりしているはずです。その後に責められている感じがしたりしますが、このあっけにとられて固まってしまうことを大切にしましょう。感情が止まってしまってもいいと思います。そして、何が子どもの中で起きているんだろうと、関心を向けてみましょう。このようなゆとりがあると、先ほどの女の子のように、傍らに横になることができるようになります。すぐに何とかしなければと感じさせられる時に、時間を挟むことが、子どもにも少し緩みを与えます。

このようなゆとりを持つためには、最悪の事態になっても他の職員、児相、病院が支えてくれるというような準備があることが大事です。自分が何とかしなければいけないという状況は、焦りを生みます。日頃から悪い展開も読んで備えを作ること（リスク管理）は心の支援でも大切です。河合隼雄氏は「自分は最悪を予想する天才だ」と話されてました。

「関与しながらの観察」という言葉があります。精神療法家の理想的なあり方ですが、そんなに器用にはできません。巻き込まれて溺れそうになったり、無理に近寄ったりすることと、距離を取ってぼうっと眺めることの両方を、右往左往するのが精いっぱいと思います。

心理援助で待つことが大事と言われますが、話を聞いていると、相手の生き様が厳として現れ、何も言えない、下手に動けないという感覚になります。結果として、相手の動きを待っているだけになることが多くあります。状況が変わらないように思えたり、悪くなりそうに思えたりしても、目の前の人のもがきが感じられ、何かが生まれてきそうだと思えれば、積極的に生まれてくるのを待とうという気持ちも出てきます（こうなると、どこに向かうかわからないで不安になることは減って、少し楽）。

### （3）支援者として思うこと

関わりの話になると熱がこもるのは、自分でもできていないけど、めざさないといけないと思っていることを述べているからです。ですから、こうできなければ悪いとは思わないでください。めざすべき頂上と思っていて、実際にどのくらいできるかは、経験と研鑽次第だと思います。専門性とは、ここまでできればOKというものではなく、高みをめざしていくものです。努力を強調すれば息苦しくなり、できなくてもしょうがないことを強調すれば今のままでいいと、だら～としてしまいます。今はできなくてしょうがないけど、向上しようというバランスが大切です。

さて支援について伝えたかったことです。人は一人っきりだと格好のえさになるほど弱く無力で、頭だけ大きい生き物です。生き延びるためには、集まって協力することが必要でした。そのために、共同生活を送ろうとする力を備えています。共同生活を送るために「みんないっしょ」「これが普通」という感覚が強くなったように思います。みんな同じようにものを見て考えている、常識を共有している、だから相手も同じように世の中を見て同じように感じていると思いがちです。集団に適応するには便利な感覚だと思います。しかし、集団から外れた人「普通じゃない」と思わされた人に対しては、みんな同じように感じるということは通用しないと思います。自分とは違うように世の中が見えている、感じられているというところから始める必要があります。

虐待などで周りから酷い目に遭ってきた子どもは、「人の中に入ると嫌なことが起こる」と思い、大人の言うことを聞いて身を委ねることも、諍いが起きないようにお互いに気を遣いあうことも苦手です。ですから、本来持っている共同する力を取り戻す、開花させることが支援になります。心が守りに入っているので挑戦する気力が湧きません。挑戦しろ（変われ）と外から言われても応えられず、ますます大人が怖くなります。モデルになる人が見つかり、あこがれて真似ることが、多分一番脅威の少ない学習の仕方だと思います。ですから、子どもの生活を支える職員はモデルになれるといいです。一人では無力な大人が、協力しあっている姿、周りの人に助けを求め支えられる姿を見てもらえるといいですね。

大人が子どもを指導する、支援者・治療者が子どもを支援・治療するという一方向の上下関係ではなく、横並びで生活を作っていく姿が、大変難しい課題ですが理想です。そのために、人はそれぞれが生きづらさを抱えていて、それでもみんなでより生きやすく暮らす工夫をしていることを踏まえ、自分ならどうするではなく、この人であればどうできるだろうかという想像を働かせ、対話をしていくことが大切です。職員であっても、自身の生身の生きづらさ、できなさ、辛さ、痛みを否定せずに、正直に子どもと関わることが、子どものモデルになります。「格好悪くて何が悪い、こうやっても生きてきたんだ、できるなら少しでも生きやすくなるように工夫もしてみよう」という姿でしょうか。スーパーマンには誰もなれないので、モデルになりません。ドジで間抜けでもみんなを和ませれば役に立っているのです。そういう人達の集まりであれば、子ども達が入っていきたいなと思えるのではないでしょうか。

「子どもの力を信じて」とよく言われますが、自分の人としての力を見直し、子どもの中から芽生えてくる力を大切に見守り育てるということでしょうか。先ほどの専門性の向上も同じですが、できる割合を増やすという発想も役に立ちます。〇か一〇〇かではしんどい。六〇点が及第点、八〇点を超えようとするのは大変、疲れる、どこかでひずみがくるくらいでもいいかもしれません。自分に対しても子どもに対しても、そういうバランス感覚が生きやすさを生む力です。できない部分は笑うしかないこともあります。

子どもを育てる、支援するうえで、子どもの将来が心配で、今こうしないと将来困ると考えることがあります。「大人になって生きていけない」というのは脅しになって、子どもから反発される恐れが大きいです。でも心配、というのをどう整理するのか、考えてみてください。私なら「所詮どう生きていくかを選ぶのはその子だし」という冷たさとともに、「今伝えないと私が後悔すると思うので」という気持ちの両方を伝えるかな。

## 2　子どもが育っていくために

### 1　子どもが生まれながら持っている育っていく傾向

これからは、子どもの育ちについて述べていきます。依存症の当事者に関わる場合のスキルとして、「本人なりに人生を切り開いていくことができると家族が願い、信じられる」「回復への努力は本人が担うべきことで、家族としてそうした本人の試行錯誤を伴う努力を落ち着いて見守る」ということがあげられていますが、「本人なりに人生を切り開いていけることができる」と願えるために、人がどう育っていくのか、そのためのどんな力を備えているのかを考えてみたいと思います。

これまで述べてきたこともそうですが、私なりに調べた心理学や人類学などの知見を、私の支援観、人間観から見て書いています。ですから同じ知見でも違うような解釈ができたり、知見が私の考えによって偏って選ばれていることもあると思います。みなさんはしっくりこない所を大切にして、ご自身の人間観、支援観を振り返り、考えていただきたいと思います。

統計の数字などもその数字をどう解釈するかは各個人によるところが大きいです。例えば、虐待の世代間連鎖は多くの研究を参考にすると三割くらいだと言われています。虐待を受けてこなかった人が自分の子どもを虐待してしまう率よりは、圧倒的に大きいです。しかし、虐待を受けて育った人の七割は虐待をしないという数字で、必ず連鎖するとは言えないという数字です。どちらの側面を重視するかは個人の解釈次第です。自分がどういう観点で数字や知見を見ているかを自覚することは大切です。

## (1) 子どもが育つとは

育つとは、身体(脳を含む)の成長に伴って、できること(能力)が増えていくことです。うまく対応できる場面が増えて、新しいことを学び身に着け、行動範囲が広がることもあげられます。

❶ 子どもは外のもの(食物、人からのやさしさ、知識など)を取り入れ、大きくなります。外のものを取り入れるには好奇心と新しい状況に対処(自分の思うように)できるようになりたいという思いが動因となります。

❷ 身につけた技能(うまく吸うこと、見つめること、立つこと、喜ばせること、助けてもらうことなどなど)を繰り返し練習して、成功の確率を上げ、その状況に対応できる自信を身につけていき

ます。

❸ 馴染んだ状況で成功する自信がついてくると、少し違う状況（平らな所でなく、でこぼこを歩くことを試してみるなど）で挑戦し（ちょっとした遊び）、様々な状況を練習して成功できる幅を広げます。

❹ 人に対しても、まずは誰かを足掛かりにして、お母さんへのおねだり、お父さんへのおねだりを変えるように、人によって関わりを変える力をつける。うまくいかない状況を工夫する（やり方を調整する）ことで、対処する方法も身につけて行きます（泣きわめくような下手な対処から、「逆境をばねにして（リジリアンス）」打って出るとか、立派な対処まで）。

状況に自分が対処できる、状況を変えられるという感覚はとても大切です。笑いかければ、相手は笑う。相手を笑わせるために、笑いかければいいということです。こうすれば相手はこうなるということが状況をマスターすることです。幼児がリモコンのボタンを押すのが好きだったり、いろいろなスイッチを押すことを繰り返すのは自分の見通し、対処ができることを確かめていると考えられます。

自分の思い通りに状況を操作できるという感覚のバリエーションがたくさんあると、同じ状況でも様々なことをすることができます。不安になれば、大人に近づく、部屋で音楽を聴く、他の子のそばで落ち着こうとするなどが身につくことが成長です。

## （2）育ちを支える、促すもの、生まれながらに備えているもの

では、人が生まれながらに持っている育ちを支える力にはどんなものがあるのでしょう。人は、進化の過程で危険を避け、より安全に生き残るために、洗練し受け継いできた生得的傾向を持っています。その傾向は、状況が整えば教えられなくとも自然と出てくるものです。人は成長するようにプログラムされています。生まれながら備えているものには、

❶ 危険、不快感を避けようとする傾向
人は身の危険、外からの侵入される怖さ、内から湧きあがる飢餓感、「お化けがいそう」「何か起きそう」など不気味な感じなどを避けようとします。
❷ 好奇心（新しい物への興味・関心）を抱く傾向
❸ 人に関心を向ける傾向
世話を引き出すような傾向、相手にあわせようとする傾向、人の中に居場所を求めようとする傾向、「みんなといっしょ」を求める傾向などがあります
❹ 観察して、真似する能力（乳児でも目の前の大人の口の動きにつられる）
❺「こうすれば、こうなる」という理解をしていこうとする傾向
乳児は泣けば応えてくれる、笑いかければ笑ってくれるという繰り返しを経験し、そこから交流が生まれ、見通しを立てられるようになっていきます。

❻ 状況に対処（マスター）できるようになりたい思い、反復練習を自らする傾向

見通しを立てることに続いて、自分が周りに影響を与えられる感覚（有能感）を育てるために、成功の確率を上げるように反復練習をします。逆に失敗が続けば無力感がつのってしまいます。

などの傾向が人には備わっています。

人と協力して何かをしようとする、人の役に立とうとする傾向も多分、遺伝的にも引き継がれていると思います（人は共同生活で生き延びてきたので）。

### （3）成長を促すとは

成長を促すということは、持って生まれたこのような傾向が上手く働くようにする、状況を整える（安心を感じ、好奇心を魅かれるものや人、出来事があるなど）と考えることが大切です。脅かされた状態では、自分を守ることが優先されるので、新しいことに向かったり、できないことに挑戦する気力が湧きません。安心感がある程度えられれば、好奇心が湧いてきます（じっとしていられない人、腰の重い人など個人差があります）。新しい物事に魅かれて、状況に対応するためにできることを増やしたり、自分の世界を広げるように動きます。ある程度安心していれば、適度に偶発的な状況は子どもがその状況に対処しようとする工夫を促し、成長につながります。いつも変わらぬ完璧な環境は、逆に成長的ではありません（「親がアホやから子どもが育つんや」ある先生の名言）。

## 2　危険を感じたり、不安になると人はどうなるのか

### (1) 人はどういうときに不安になるか

人は常に予想を立てながら生きています。危険が起きそうと予想される場面では警戒心が強くなります。危ないことは起きないと予想されれば、警戒心を解きます。どうすればその状況でうまくいくかがわかっていれば、不安にはなりません。うまくいくかは確率的なものなので、ほんの少し不安を抱きながらということも多いです。見通しが立てられれば対処がしやすくなります。見通しが立たないと不安になります。

予想を立てる中で、過去の経験が蘇ります。草原でライオンに出会った動物は、ライオンの足音を記憶していて、草原で足音をキャッチしやすくなって、その後の行動に移れるように準備します。人も同じようにトラウマなど過去にひどい目に遭った記憶が蘇れば、それに対応する準備をします。うまく対応できそうであれば安心できますが、対応できそうになければ不安は高まります。

不安な状況では、まず予想を立て、どうすればよいかをイメージします。予想を立てるためにはそれまでの経験が生かされます。赤ちゃんは泣いて養育者を呼ぶことが生まれながらにできます。繰り返し養育者に対応してもらえれば、泣けば応えてくれるということが身についていきます。大きくなるにつれて、こうすればいい、誰かに頼ればいいというような見通しが立てられるようになります。経験次第で、対処できる自信をつけることもありますし、うまくいかないことが重なれば無力感ばかりが募るこ

とにもなります。自信と無力感の間で揺れ動きながら、よりうまくいくように対処を工夫していくのが成長と言えます。

### （2）安心を取り戻そうとする努力、見通しを持ちたい

それまでの経験でうまくいきそうなことが思いつけば、それを試そうとします。見通しが崩れていないならば、自分で対処できる感覚を保とうとします。いろいろな場面でうまくいった経験がたくさんあれば、考える幅も広がり、多少自信を持って落ち着いて対処することができます。対処法のバリエーションが少ないと同じ方法で強引に対処しようとします。また、自分の力を確認するために、数少ない方法を繰り返すこともあります。

まずは、誰かに頼ろうとする動きがあります。少し不安になると、親を呼んで振り向かせる。理由はないけど呼んでみて振り返ってくれることで自分が親を動かす力があることを確かめるということもあるでしょう。自分では対処できないけど大人なら何とかしてくれるはずだと思いたくて、大人にしがみつくこともあると思います。「そういう時は相談して」という大人の言葉をそのまま信じて、「大人が解決してくれるはずだ」と思い、うまくいかなければ「相談してといったくせにやらないじゃないか」という不満になることもあるでしょう。また、「約束したじゃないか」「そういう決まりだろう」と約束、決まりにこだわることもあります。人の行動を縛る言葉にすがるということですね。ですから、自分はどうにもできないけど、他の人は決まり通りに動かなければいけないという「自分に甘くて、人には厳

しい」というふうになることもあります。不安の強い人は藁をもつかむ心境ですから、安請けあいは禁物です。「うまくいかない時もある。自分もどうしていいかよくわからないからいっしょに考えよう」という姿勢を打ち出さないと、大人が何とかすると子どもは思ってしまいます。

自分で何とかしようとする動きもあります。ちょっかいをかけると必ず同じ反応をしてくれるというのも、ちょっかいをかけて思い通りになることを確かめ、その場の不安を紛らわせているように見えます。人は、不安になると儀式のような同じ行動をとって安心しようとしたり（手洗いをしないと気がすまないなどの強迫行為には、こういう面があります）、人を怒らせてでも自分の行動が影響を与えたということを確かめたくなったりします。少し話がそれますが、儀式やゲン担ぎ、ルーチンなども見通しを確かめるという面があります。ルーチンは、最高のパフォーマンスを出す状態に持っていくために決まった過程を踏みながら自分の状態をチェックしていくことです。行なわないと気持ちが悪くなることを考えると、儀式に近いものがあります。

目の前の人や周囲の人達がどう振る舞うかわからなくて不安な時に、目の前の人が敵でなく友好が確かめられそうだと感じられれば、コミュニケーションをとって危険を避けようとします。自分の不安をなだめて、友好的な身体になるように動けます。交流を求めるときのリラックスした身体ですね。周りの人から守られるような振る舞いを身につけることが、社交性につながります。まずは、息をついてリラックスして、穏やかな表情を向けるということでしょうか。

人は共同生活をすることで身を守って生き延びてきたのですが、そのためには協力して危険を避けること、そして互いに無駄な戦いをしなくなるということが必要です。目の前の人とお互い傷つけあわないという合図を送りあうことを身につけることで、協力して危険を避けられる可能性が高くなります。乳児のアイコンタクトはその始まりです。動物の子ども達はじゃれあって噛みついたりしても、お互いの目を見たり、腹を見せるなどの合図を受けとることで力を緩め、ケガをしないように遊びます。攻撃的な行為に近くても、安全を確かめあう合図を送ることで、遊びに変わると言われています。ですから遊びは大切だと言われています。このように社交的な身体になるといろいろ考えることもできます。

### （3）安心が取り戻せない、危険が迫っていると感じると人はどうするか

予想を立てることは、ほとんど意識しないうちに起こりますが、人は身体でも反応します。意識しないままに防衛の反応が出始めます。大きく分けて、攻撃的になる、逃げる、固まるという対処をとります。

逃げたり、攻撃したり自分の力で危険が回避できると身体が判断すると、すぐに行動に移れるように身体（血のめぐりが早くなり、筋肉にめぐるようになるなど）が準備します。戦いの身体であるときは、考えるよりも動くことが重要なので、頭は働かなくなります。人の話も聞きにくくなります。じっくりと考えることも難しくなります。警戒状態になると聴覚が過敏になります。聴覚過敏の子どもは多いですね。動物は低い音から危険を察知するそうで、そこに耳を向けやすくなるそうです。社交的なやり取りは母親が赤ちゃんをあやすような抑揚のある高めの声なのですが、警戒状態では、低い音に敏感で人

の話し声には耳を向けなくなるそうです。人の話も聞けなくなるということです。パニックの最中に会話にならない子どもは多いです。警戒心を解けない、どこかいつも不安を感じている人達にとっては、危険を想起させる低い音の騒音がある環境は望ましくないと言われています。身体レベルで反応している人に対しては、環境を考えることは大切になります。ガチャガチャした雰囲気よりは静かで穏やかなほうがいいし、危険な状況から離れるタイムアウトも必要です。

ある子どもは、「イライラする相手が目の前にいるとイライラする」「イライラする相手を殴ったりしないと落ち着けない」「外の世界の子は嫌な子が多い。だから関わらないでいく」と話してくれました。そして、「イライラした最中は職員とはよくずれる」、「話が通じない」と話してくれました。実際言葉がかみあわない感じになってしまう子です。戦闘、回避モードになっている状態をよく表していると思います。

### (4) 何もできないと感じるとどうなるか

逃げようとしても攻撃しようとしても危険を回避できない、なすすべがないと身体が判断すると、固まるという対処法が取られます。カメが甲羅の中でじっとしているというのがわかりやすいですね。爬虫類は息を止め心臓の動きをゆっくりとさせ動かなくなることが長い間できるそうです。哺乳類は息を止めるとすぐに死んでしまうので、この方法はなかなか取らないのですが、猫に襲われたネズミが動かなくなるのはこの働きです。感覚を遮断してやりすごす解離がこれにあたります。解離は、自分の心が壊れてしまうのを防ぐために感覚を遮断して、意識を飛ばしてしまうことです。逃げようもない圧倒的な無力感を感じる状況（性的虐待とか酷い身体的虐待など）を受けていると、解離が起こります。感覚だけ、感情だけ、思考だけ固まることもあります。この状況がたびたび起こると、無力を感じるとすぐに解離が起きやすくなることがわかっています。

解離が起こると、周りの人との関わりもシャットアウトするので、関わりによって安心をえることができなくなります。なるべく解離にならないようにするのが大切ですが、自動的になってしまうので、解離しないですむ経験を積んでいくしかないと思います。解離しない時間を続けていくことで、解離のスイッチが入りにくくなると考えたい。そのためには、身体が危険と感じる環境を避けることが必要です。

また、解離は「孤立」と「拘束」によって起きやすくなると言われています。狭い部屋に閉じ込め置き去りにするなどがこれにあたります。ふだんの指導でも解離を起こしやすくすることに気を付けないといけないのではないでしょうか。子どもを押さえつけて動けなくするなどは、必要な場合もありますが、なるべく短い時間にすることが大切です。

今述べてきたことは、ポリヴェーガル理論で述べられていることです。この理論を提唱するポージスは、安全を身体が感じやすくするためには、呼吸が大切であると言っています。長く息を吐くと心臓の鼓動は遅くなり、攻撃的な動きが抑えられるそうです。「落ち着け、深呼吸しろ」というのは理にかなっているのですが、「長い時間をかけて息を吐く」ということが大切です。「深呼吸」だけだと過呼吸になる人がいます。そして、人の声の抑揚を聞き取るために内耳の筋肉を働かせることが必要だそうで、そのためには、自分の声を人にあわせるというのがいいそうです。合唱とか吹奏楽がいいと書いてありました（ポージスはクラリネットを吹いていたそうですから、若干手前味噌かも）。言語の始まりは音楽ですから、声をあわせることが社交性を生むことは頷けます。

## 3　育ちの土台となる環境――安心を求めて

### （1）安心を感じるための環境

お腹は空いていない、オムツは濡れていない、寒くないなど身体の内側も平穏で外側からも脅かされない、不快感がわいていない状況が必要です。ここが生活でまずめざすべきところです。子どもは泣けばおっぱいをもらえる、身体の不快を取り除いてもらえるという信頼をもとに、自分の思いに応えてくれるという見通しを立てていきます。その見通し通りに事が運ぶことがまずは大切です。泣いても応えてもらえないと、泣かない子ども「サイレントベイビー」になります。当然、世話を受けにくくなって育つことができなくなります。どんな環境でも、泣いたりして助けを求めれば応えてくれること、応えてもらえるという見通しが立てられることが必要です。

前に述べたように、低い騒音などは危険を予感させます。危険を感じ取りやすい警戒心の強い子ども達には、なるべく危険を感じさせない環境を整える必要があります。聴覚や視覚など過敏な子ども達も多いので、刺激の多いガチャガチャした雰囲気は望ましくないと思います。過敏さはコントロールできないので、落ち着きやすい環境を考える必要があります。「明るく、元気で、活発‼（おまけにみんな仲よく）」は、学校など多くの子ども施設で掲げている目標ですが、これをすると声が大きくなり、動きが早くなり、粗雑になります。つまりガチャガチャした雰囲気になりやすいです。そのような学校で適応できなかった子ども達なので、静かで、ゆっくりした、のんびりできる雰囲気が大切になります。病棟のような空気（隅っこでまどろめるような、のどかで静かで、日向ぼっこしているような、一人ひとり別個に気ままに過ごせる）のほうが、どんな脆い子どもにも安心を生みやすいです。建物も含め、そういう環境を作ることが大切です。

しかし、児童心理治療施設に暮らす子どもの中には、一般の世話では安心できない子どももがいます。内側から湧きあがる不快感（痛み、ホルモンバランスの問題からくる不快感、焦燥感、強迫観念、理由はないが迫害される思いや被毒念慮など）が酷ければ薬物の力を借りて緩和する必要があります。それでも落ち着かなければ入院が必要になります。

## （2）安心してもらう関わり方とは

安心できる基本は羊水に浸った状態と言われます。適度な温かさと鼓動の音とリズムと、母体の安心感が伝わると安心できると言われます。誕生後も基本的には自分の動きを柔らかく受け止めてくれる抱っこ、適度なリズムとテンポと強弱の揺さぶり、声掛けなどなど、母体で馴染んだ感じがえられると安心すると言われています（血流、鼓動の音を聞くと赤ちゃんは落ち着くなど）。母体のテンポなどが子どもの安心をえる感覚に影響します。母体が頻繁に不安定な状態であると安心を感じた経験が少なく、ベースが不安定な子どもになるように思います。

なだめたり安心を与える関わりでは、強弱、リズム、テンポなどを意識しましょう。不安は伝染するので、子どもに関わる大人が動揺していればそれに反応します。子どもから激しいものをぶつけられたら、まずは、踏みとどまろう。クマに会ったら背中を向けて逃げても、戦いを挑んでもいけません。じっと対面して、睨むのではなく力を抜いて静かに距離をとっていくこと、脅かされないと相手が感じれば緊張がゆるみます。

まずは、しゃべらないという練習。動揺する子どもに意見をぶつけたくなる時は、職員が目の前の現実に耐えられず変えたいと思っているからです。子どもに対して深呼吸をしてとか言いますが、大人がやればいい。ちなみに深呼吸はしっかりゆっくり息を吐ききること、吸う意識はいりません。不安な時は頭がカリカリと周り、状況を理解しようとして細かな質問をしたくなりますが、まずはボーとしようとしましょう。

人には、相手のテンポなどにあわせてシンクロしようとする傾向があります。お互いに相手の情動(強弱、リズム、テンポなど)に歩み寄っていくことが関係づくりには大切になります(情動調律)。情動の修正が効くということです。乳児が泣いている時に親があやす中でこの情動調律が行なわれています。乳児も親の差し出す情動にあわせようとしていく中で、嵐のような状態から穏やかな凪の状態に自分をコントロールしていく経験になります。この経験が感情のコントロールの力を生みます。

その場で感じられる雰囲気、目の前の人達の様子などが安心感を左右します。言葉の内容よりも音の強弱、テンポ、リズムや、身振りなどに子どもは反応していることも多いのです。過敏な子どもは大きな音、突然の音、チカチカする明るさ、周りの子どもの動きに、一般の人が想像する以上に反応することも多いのです。

## 4 嫌な感じを取り除くために、生活の中で見える子ども達が行なっている工夫

安全を感じて欲しくて職員が努力をしても、警戒心の強い子どもや過敏な子どもは内側から湧きあがる不快感を抱えていることがあります。差し迫った危険な状況というより、何となく落ち着かない時に生活の中で子ども達が行なっている工夫を考えてみます。

### (1) 不快な感じを紛らわすための工夫

子どもは不快な刺激から逃げる努力をします。適切な逃げ方、紛らわし方のバリエーションが多い方がいい。物にあたる、大声で叫ぶなど不適切に見える行為もありますが、落ちつく努力であることが多いのです。なんとも落ち着かない時に、自分で動くことで外からの刺激をマスキング（覆いを被せて感じないように）する人もいます。身体の軸のできていない子どもは座っていても姿勢を保てずもぞもぞし始めます。そういう時には、貧乏ゆすりなどの単調な繰り返しの行動が、マスキングに役立ちます。これを止めると動き回るしかなくなるかもしれません。落ち着かない時に、トントンと指などでリズム

を取るタッピングは割と便利です（赤ちゃんの背中をたたきながらあやすような感じです）。深呼吸よりはやりやすいと思います。

物にあたるような行為よりは周囲に受け入れられ、落ち着ける行為をいっしょに探すことも大切です。部屋に入れば必ず落ち着くわけではありません。落ち着ける部屋にまずすることが大切です。一人でいるとお化けが出ると感じてしまう子どももいます。隙間から何かが出てきそうだというのは怖いですね。部屋で落ち着けた経験を積むことで落ち着ける部屋になります。大人と過ごすなど、部屋で落ち着く練習は必要です。

一人になることが苦手で（一人で過ごすためには安心感を抱いていることが必要）居室に一人でいられない子どももいれば、大人と二人になると閉じ込められた、逃げ場を失った感じになる子どももいます。子どもの状態にあわせて、ふだんから職員といっしょでも一人でも居室で過ごす経験を積むことが必要になるでしょう。

落ち着く努力とは言え、暴れて他害になったり、スリルを求めて逸脱行為をしたり、万引きを繰り返す、薬物に依存するなどの非行になってしまう場合、自傷他害であれば入院、犯罪や逸脱行為であれば児童自立支援施設や少年院などの支援機関が適しています。少年院などは、決められた日課を他児といっしょにやり遂げることで逸脱しなかった時間を長く積み重ねることで、自分をコントロールする自信を培います。

## （2）みんなといっしょと思いたい

人の中にいることで安心を感じるという傾向が人にはあります。人の中に居場所を求めようとする傾向、「みんなといっしょ」を求める傾向があります。

乳児はまずは、授乳してくれる親や世話をしてくれる人に関心を向けます。これは、生きるために必要なことです。そして、空腹が満たされたり、不快な状況が取り除かれると乳児は、周りの物に好奇心を示します。自分と同じような乳児に関心を寄せることもわかっています。周りの乳児に同調する傾向があります。保育園で集団養育ができるのもその傾向があるからでしょう。そう考えると、学校の集団教育もこのような傾向を利用しています。子どもは「みんなといっしょ」という感覚を求めるといってもいいと思います。この傾向が「人の中に居場所が欲しい」という傾向に発展し、社会が成り立っていくのだと思います。ＳＮＳが発達して、身体は孤立していても、「いいね」とかでつながりを求める傾向は強くあることからも、人が「いっしょ」を求める傾向が強いことがわかります。

「みんなといっしょ」と感じられるために、みんなから外れないという工夫を子どもはします。みんなの意向になんとなくあわせる、みんなの動きを真似するなどは幼児さんも大人もしています。それが過剰になると、自分がなくなるようで苦しくなってしまうこともあります。

施設に入所してくる子ども達は、学級の中で居場所が作れず、「みんなといっしょ」が味わえなかったと考えられます。どこかみんなと違うという引け目もあり、「普通になりたい」という思いも強く抱くようになるでしょう。まず、子ども達が「普通になりたい」と望み始めることが、共同生活での成長の土台となると思います。治療共同体なども「自分だけではない」「みんなといっしょ」を満たせることが、とても支援的だと思います。治療というと個人の変化に目が向きますが、個人が社会の一員であることをめざすと考え、社会に適応するという面を支援者が意識することは大切です。

### (3) ルールを守ることで安心したい

集団の決まり事、ルールを守ることで、安心をえようとすることもあります。これを守っておけば大丈夫という見通しを立てるということですね。決まり事を守ろうとする心持は幼児の頃から芽生えます。手をあげて横断歩道を渡ることを覚えた幼児が、車が見えなくても手をあげることはよくありますよね。どうすればよいかよくわからない場面では、マニュアルや規則を求めることもあると思います。きちんと守っているから大丈夫、責められないと思いたいですよね。

自分が守ることにも力を入れますが、他の人がルールを破ることに厳しくなる傾向もあります。これも見通しが崩されるのが嫌だからですね。マナーとか常識というものも人の行動を予測するときの根拠になります。それをみんなが大事にすることで、見通しの立てやすい集団になるということです。以前校則が厳しくなった背景には少しでもはみ出すと自分勝手になって大きな逸脱行動につながるという恐れから、事細かに規則を守ることを求めたという面もあったと思います。

合理性とか正当性を主張して自分の安全を守ろうとすることも多いのです。屁理屈、言い訳になることもありますが、自分は間違っていないから責められるいわれはないという主張ですね。裏側には悪いことをしなければ、責められないということにすがろうとする様子があります。

## 5　子どもが自分で育っていく様子

### （1）好奇心が湧きあがるようになるには

安心感があると好奇心が湧いてきます。新しいものに向かうことは、見通しが立たないことなので、不安がよぎります。その不安を抑えることが挑戦には必要です。つまり勇気です。安心を感じ好奇心が湧く傾向は、生まれながらの面も大きいのです。のんびりとした動じない子もいれば、過敏で少しのことで襲われた感じになって動揺する子どももいます。危険を感じずやってしまったり、まずいと思っても好奇心が止められずやってしまう実験君のような子どももいます（落ち着きのない子に多い）。俗にいう神経の太さや癇癪もち、ビビリ屋さんなど持って生まれた気性などに左右されます。

好奇心は自信に支えられる面があります。自信は上手くやれるという見通しの感覚ですから。楽しさ（遊び、わくわく）の経験も大切です。また、チャレンジの時の恐怖心、不安をなだめてくれるもの（愛着のメカニズム）が必要です。安全基地、愛着対象と呼ばれるもので養育者が愛着対象になることが多いです。経験が積まれれば、養育者が実際にはいなくても思い浮かべるだけでも大丈夫になっていきます。毛布にくるまる、ぬいぐるみを抱く、マスコットを握るなど道具を使う子どももいます。自分の不安をコントロールする力を身につけていないと、学校などで新しい課題やできないことに挑戦する姿勢が保てません。

安心感や居場所のある感覚がある程度満たされれば、自然に好奇心が湧いてくるはずです。好奇心が湧かないのは、その子の生きる場に何らかのその子を脅かすものがあるか、本人が安心を感じる幅が狭いか、周りを常に危険と感じてしまうなどのその子の受け取り方、何が起きそうかの予想の仕方の問題があるからです。

大人のよかれと思ってした助言が子どもを脅してしまうという皮肉なこともよく起きています。それで、子どもは反抗的と見られ関係がこじれしまうこともあります。子どもの問題というより大人側の独り相撲のように見えることも結構あります。

「条件が整えば好奇心は自然に湧いてくる」という考え方は、人間観に関わるものです。「受容、共感」などを重視したクライエント中心療法の創始者で日本のカウンセリングに大きな影響を与えたカール・ロジャースがこのような人間観の強い人です。ロジャースは非行少年や虐待を受けた子どもの相談からこのような人間観を強くしてきました。私も児童心理治療施設で子どもを見てきた中で、やはりこの人間観はあっていると思っています。ロジャースの心理療法理論はクライエントの問題よりもカウンセラーの態度に焦点があてられています。言葉にするとできそうですがカウンセラーにとって実現がかなり難しい態度、関わり方を求めています。

## (2) 何に興味を示すか、何を取り入れるか　社会参加に向けて

人の育ちの方向は、

自分はそんなに脅かされない、そのうち何とかなる。希望が持てる。
↓　周りの人は自分に応えてくれる。関わりを持っていきたい。
↓　思うように自分を動きたい、こうしたいと思える。
↓　周りの人の中、社会の中で役に立つ人になりたいと思う。

というように、できることを社会の中で役に立つ形で使う方向に導かれます。

好き嫌いには生まれ持ったものもあります。人に興味が向くように生まれてきますが、その強さは子どもによって違います。好き嫌いの激しい子も、どうでもいいかのような子どももいます。おっとりした子もいます。

乳児期の笑いかけると笑ってくれるというやり取りが、喜びの交歓の始まりです。大人ができたことを喜んでくれると、大人を喜ばせたことが誇らしいという思いが強くなります。大人がどういう行動を望むかで子どもへの働きかけも変わり、子どもの行動も変わってきます。これがしつけとなり、マナーを身につけることなどにつながります。

無理に食べさせることが難しいように、大人が差し出すものをすべて取り入れてくれるわけではありません。しつけを支えるのは、親を喜ばせたい、親を喜ばすことができた自分は偉いと思える心持ちです。いっしょに成功を喜んだり、お手伝いを感謝したりすることで、大人を喜ばせたい思いを育てましょう。親を喜ばせた、人の役に立った誇らしさは自信につながり、新たな挑戦を勇気づけます。

乳児の頃は、世話を受けること、自分の思いを汲んでもらうことが主ですが、交流が進むと自分とは違う人として親を認識するようになります。自分とは違う他者へと好奇心を抱き、他者理解も進んでいきます。目の前の人への好奇心から、自分を取り巻く人達へ（家族、社会）へと好奇心は広がっていきます。輪の中に入りたいと思う気持ちが湧くような集団が、子どもの社会参加を進めます。

### （3）挑戦する勇気をもてるようになるには、もがくことの大切さ

人それぞれに関心、好奇心の向く方向、挑戦したい課題は異なります。大事なことは、自発的に課題に向かうことで、その自発性が努力や工夫を生み、自分でやったという自信につながります。自信をつけるためには、子どもが自発的に努力したことに対して小さな成果でも「できたね」とほめ、自信につなげることが大切です。自分で努力したことの成果は小さくても嬉しいし、褒められれば職員は気にかけ見てくれているんだという感覚を育てます。自分でやりたいと思うこと、こうなりたいと思うこと、自分でもがき挑戦することが大切で、言われるまま、助けられすぎてできてしまったことでは自信につながりません。

子どもは、他の子どもがやっていることに興味を示すので、施設で他の子どもをモデルにやりたいことが生まれることは多いです（普通になりたい）。この人といっしょならこんなことができるようになるかも（職員の得意技を身につけられるなど）ということも多いです。いろいろな職員の技が見られる機会、いろいろな子どもの挑戦を真似られる環境が、共同生活のいいところです。また、「みんながやっているから」ということからも勇気づけられます。「みんなといっしょ」という感覚もえられます。

状況に圧倒されて苦しんでいる状態（受け身的になすすべもない状態）から、前向きにもがいてみよう、いろいろ失敗をして工夫してみようとする段階を経て、その状況でうまくやれる、マスターできる感じをつかんでいくことが、心理援助の流れです。

まず、自分でやりたいという思いが出てくるまで、待つことが大事です。動かしたくなることを我慢して、手を出さずに待つことが、自発性を育てます。本人が前向きになれるように、周りを整えたり、ちょっとの努力でできそうなことを探ったりして、示唆や提示をすることは必要になるでしょう。子どもにやらせることよりも、子どもがやってみようとするような工夫が大人には求められます。

強制することは害となりやすいです。子どもとの関係ができていない時にしつけを急ぐと、強制的にやらせることになり、子どもは前向きに取り組みできた楽しさ誇らしさをえられなくなります。やらされた動かされた感じはプライドを傷つけます。ましてや、できないことを頑張らせ続けると無力感を生みます（学習性無力感）。励ましや子どもをある方向に導こうとする誉め言葉は、強制力になってしまうことが多いのです。特に自発性の弱い、自信のない子どもにはそうなりやすいです。子どもの様子をよく見ながらすることが大切で、自分ができるからと言って、子どもができるわけではありません。ましてや、自分もできそうもないことをさせてもうまくいくはずがないと思います。

次の日課に向かうように促しても動かない子どもが多いですが、すぐに動かない時にどれだけ待てるかが、職員側の鍛錬です。知らん顔してやっていることを続けられると五秒一〇秒でも長く感じて苛立ちますが、子どもは注意を耳に入れ自分のそれまでの行為を止めるのに時間とエネルギーが必要です

（ブレーキの性能が悪い）。しばらく待ってみると言われたとおりにし始めることが多いのです。このもぞもぞした時間が自分のやりたいことを我慢し、そう動いた方がいいと職員の思いを受け入れ、動きを変えるというもがきの時間です。短くてもこういうもがきの時間を積み重ねることが、自分で自分をコントロールする力をつけることになります。職員も待つ練習が必要です。また、職員が急がさず待てれば、のんびりした雰囲気を施設に作れます。のんびりした空気がないと十分にもがけません。

急いでできるようにしようとすることや、スマートな方法を教えることは、成功への試行錯誤、もがきの機会を奪います。もがいている時は、状況にあわせて調整しようとする、思うように自分の動きを調整しようとする大切な時間であり、この時間を充分に経験して「ものにできる」ようになっていきます。泳げない子どもが、水の中で溺れたように見えてもバタバタ楽しんでいるのは、水中で自分の思うように身体を動かす練習でしょう。スマートに泳ぐことを教えようとして、この経験を飛ばしてしまうことは多いです。学校教育ではもがきが保障されないことが多く、特に不器用と言われる発達障がいの子どもには自分でもがくことで体を知っていくことは大切です（目をかけて手をかけず）。

## 6　家族から離れ社会へ

### （1）親から離れて新しいことを取り入れていけるようになるために

これまでは主に養育者に支えられながら力をつけていく様子を述べましたが、親から離れて、学校などで自分から新しいものを取り入れていくためにどのような力を養ってきたかを考えてみましょう。そもそも新しいことは、それまで馴染んで来なかったことですから、それまでの見通しが通用しないことです。何が起きるかわからないけれど、こうすれば何とかなりそうだという気持ちがあると、勇気が出てきます。こうすればうまくいくという思いが自信です。

自信を持つには、まずは、泣けば養育者が応えてくれるから始まり、笑いかければ笑い返してくれる、「こうすればこうなる」という見通しを立てられるようになることが必要です。人は赤ちゃんの時から、「こうすればこうなる」という感覚を求めています。繰り返し同じような結果になる経験を経て、見通しを持つ力が育ちます。養育者に無視される、応えてくれないことが多い、気まぐれな対応をされるなどがあると見通しが立てられなくなります。

次に、自分がこう動けばこうなるという感覚、自分の思い通りに身体を動かせるという感覚ですね。手を伸ばして欲しいものをつかむ、立ち上がる、歩くなどの身体能力は反復練習で身につき、「こういうことができる」という自信につながります。自分の身体を自分の意志で思うようにコントロールできるという感覚は自信の土台になります。自分の言動が周りの人の反応を引き出すこと、自分の思うような反応（近寄って助けてもらうとか、なぐさめてもらうとか）を引き出せることも覚えていきます。子どもが機械のスイッチやリモコンが好きなのは、スイッチを押せばこうなるということがわかりやすいからです。

そして、こうすれば周りが喜んでくれる、こうすれば怒られない、という繰り返しから、決まりを守ることが身についてきます。決まりを守ることは、こうすれば責められない、うまくいくという安心感をえるための行為でもあります。また、自分の感情をコントロールすることを繰り返すことで、養育者がいなくてもこうすれば不安を紛らわせるという力も身についていきます。困ったときは養育者でなくても他の大人に聞けばよいという対処も身につけていきます。様々な場面で、こういう時はこうすればいいという見通しをもって、自分が思うように動くこと、ルールとかマナーを意識して自分の言動をコントロールすることで、養育者だけでなく多くの人のいる場でもうまく振る舞えるという自信になります。様々な場面で「なんとかできる」という自信が持てれば、似たような新しい場面でも「できそうだ」という思いになり、新しいことにチャレンジできるのです。

ネグレクトのような応答のない環境では、見通しが持てず、自分がこうすればうまくいくという見通しも立てられなくなります。ある程度一貫した対応や見通しが持ちやすい環境で暮らしていないと、自信が身につきません。

（2）学校、社会に適応するということ、小学校一年生ができること

これまで述べてきたように、子どもはもって生まれた性向をもとにして、様々なことを身に着けていきます。そして、小学校に上がる頃には、養育者から離れて同年齢の子ども達の中で新しことを学んでいく力が身についていています。幼稚園、保育園でも練習していますが、小学校に入学して本格的な学習が始まります。

学校でうまくやっていくには、

❶「親から離れて心細くても、その不安を自分でなだめられる」
❷「知らない大勢の人の中に居続けられる」
❸「学校の先生の言うことを聞いて、指示通りに動くことができる、困ったら、先生に聞くことができる」
❹「勇気を振り絞って、新しいことに挑戦できる」
❺「周りの子ども達の様子を見て、いっしょに動くことができる」

というような力が必要だと思います。児童心理治療施設の子ども達には、このような力が足りないので、こうした力をつけることが目的になります。

これらの力を身につけるために、どんな経験を積んでいることが必要か簡単にまとめてみます。

❶「自分で不安をなだめられる」ためには、養育者との間で気持ちをなだめてもらった経験が必要です。なだめてもらいながら、自分の感じを親の感じにあわせていく練習をしています。この経験をいっぱい積んでいる方が、自分の気持ちをコントロールができるようになります。

❷「知らない大人や子ども達の中にいられる」ためには、人は自分を脅かすことはないと思えるような経験、人の中で怖いことがあまり起きなかった経験ですね。幼稚園、保育園でそういう経験を

たくさん積んでいることで、人の中にいても大丈夫と思えるようになります。

❸「先生の指示通り動ける、困ったら相談できる」ためには、大人の言うことを聞くといいことがありそうという思いが必要です。大人の言うことを聞いてうまくいった、よかったという経験を積むことで、大人の言葉を信じられるようになります。そう思える土台には大人に世話をされて、大人に自分をゆだねてよかった経験が必要です。適切な世話を受けていれば当然味わえる経験ですが、不適切な養育を受けると大人に身をゆだねられなくなってしまいます。大人に身をゆだねる力がないと、大人に相談できない、先生の指導にあわせられない、お医者さんにかかれないなど、援助を受けることができなくなってしまいます。

❹学校は、学習をする場です。新しい知識を吸収したり、新しい技能を身につけたり、できないことに挑戦する場です。「新しいことに挑戦する」には、挑戦するときの不安を自分でなだめて、なんとかできるだろうと前向きな気持ちを作ることが必要です。ですから、安心感がなく好奇心が湧かない状態だと、無理にやらされる、できそうもないことをさせられる場になります。施設に入っている子どもの多くは、周りから何をされるかわからないと思っていて、警戒しています。このような状態では、探索とか挑戦をすると失敗して責められると思ってしまうので、探索や挑戦を避けようとします。学校の授業は、新しいこととできないことを教えられ、挑戦する場ですから、虐待を受けた子どもが、席を立ってしまうのは、挑戦する状況から逃げようとする心の動きからだと考えられます。

挑戦できるようになるためには、養育者が見ていてくれる所で新しいことに挑戦して、うまくいった経験が必要です。そういう経験が繰り返されて、挑戦する前向きな気持ちを持てるようになります。やれそうだという自信ですね。

❺「周りの子ども達の様子を見て、いっしょに動くことができる」ためには、ほかの子ども達の中で過ごす経験があったほうがいいです。幼稚園、保育園などの場がその経験を保証します。子どもは自分と同じような年の子どもに関心を向ける傾向がありますから、子どもが集まっていれば自然と遊びが生まれると考えられます。そのような経験を積む中で、周りの子ども達の中にいることができ、周りの子どもを見て同じように動くことが身についていきます。じゃれて遊んでいる中で相手の様子を気にして、自分の振る舞いを変えるなどのことも自然と身につきます。動物がじゃれて噛みあっていても、怪我をさせるまでにならないのは、相手の様子を見ることができるようになるからです。

学校教育は人生において最も不得手なこと、気が向かないことも多くさせられる場かもしれません。高校大学と進むにつれて、科目の選択ができるようになります。そして、社会に出れば自分の好み、自分にあった選択ができますから、ある程度苦手なことを避けていくことができます。しかし、学校ではそれは難しい。特に小中学校は、社会適応のための基本的な力をつけることを目的としているので、子どもの得手不得手にかかわらず、様々なことに挑戦をする場です。子どもにとっては最高のパフォーマンスが求められるところで、周りの子ども達といっしょに乗り越えていく場所です。ですから、学校に適応できる力があれば、なんとか地域社会で暮らしていくことができるはずです。

## 3　阻まれた成長を取り戻すという面

2で述べてきた力は、一般に適切な養育環境があれば自然と身についていくものと考えられますが、不適切な養育によってそれが阻害されることがあります。虐待的な環境がわかりやすい例です。年齢相応の力が身についていない子ども達にどのような支援が必要かを考えてみます。

### 1　適切な時期に適切な関わり、刺激がなかったため身につけられなかったことを身につける

年齢相応の能力、技能が身につかなかったことの原因はいろいろありますが、適切な環境ともがきの機会を与えられなかったことがあげられます。文化的な刺激や、慰めやいっしょに喜んでもらうこと、感謝される経験などが不足することで、心の成長も滞ります。言葉は、周りで言葉を話す人がいないと習得されません。周りの人達が話す様子が、その子どもの言語発達を大きく左右します。

育ちに必要な環境が用意されないことがひどくなると、ネグレクトと呼ばれます。トラウマ的な状況に遭ったとしても、すぐに慰められたり、なだめられる機会があると、心の傷は浅くてすみます。ですからどんな虐待にも、傷ついた子どもに適切なケアをしなかったというネグレクトの要素が含まれてい

ると考えられます。

そして、能力が身についていないため、状況にあわせるために無理な対処法を身につけているともあります。幼稚園レベルの子どもが小学校高学年の集団に背伸びして交ろうとするようなものです。

このような状態の子どもに、年齢相応のスキル、マナーを身につけられるようにするのが、生活指導の大きな役割の一つです。「こうすればいいよ」といっても、「こうすれば」と説明されたことが理解でき、イメージが作れるか。「こうする」力（イメージ通りに動く力）があるか、「こうする」やる気がわいてくるか（何で、誰のためにするのか疑問が湧いて反発したくなるなど）など指導に乗る前提から考え、そこに立ち戻って指導する必要があるので、大変です。普通なら幼児さんがあまり考えもなく自然に身につけることを、ものを考えられるようになって人の言うことに懐疑的な子どもが、改めて身につけようとするのですから、大変です。大げさに言えば、大人になってロシア語を勉強するようなものです。本人は大した不都合も感じないでなんとなくやってこられたのに、わざわざ言葉遣いや食事のマナーなどの振る舞いを変えなければならないということは、それまでの生活を否定されたかのような気になるかもしれません（「こうやって生きてきたんだよ～、なんでお前の言うことなんか聞かなきゃいけないんだよ」）。

## 2　傷つけられた経験の影響を薄める

傷つけられたり、本来は味わわないでもいいような危険な目に遭ったり、酷い対応を受けたりしたことで、子どもの育ちが複雑になったり歪んだりします。本来は大切にされる経験が多いはずなのに、大切にされた経験が酷く少ない状態が虐待です。大人が自分を襲うなどということは、本来予想する必要がないはずなのに、そのような経験を積んだために、そうしたマイナスの予想をせずにおられなくなったりします。そのため、天真爛漫に振る舞えない。「誕生日を祝ってもらって嬉しいんだけれど、何か悪いことが起こるはずだ、いいことだけで終わるはずがないと思ってしまう。そんなことは起きないとわかっているけど、思ってしまう」と語った子どもがいます。そういう思いを抱えて生きていくことは余計で不気味な荷を背負って生きていくようなものです。普通とは違うと思ってしまったり、重荷のせいでうまく動けなかったりしても仕方がありません。

過去の不快な経験は勝手によみがえります。震災とか虐待など命の危険にさらされたり、自分が壊れてしまうような経験があたかもその場面にいるかのようによみがえることをフラッシュバックといいます。傷つけられた状況と同じような状況を避けようとします。傷つけられないために過度の警戒、常に嫌なことが起きると思ってしまいます。様々な状況を生き抜くために、「こうしたらこういう目に会う」という注意事項を身につけます（叱られると殴られるとか、下手に頼ると怒られるとか、風呂は安全ではない、寝てしまうと何をされるかわからないなどなど）。

安全な状況では不要な思い込み（施設の風呂も怖いはず、職員は殴るはずなど）ですが、安全だから修正できるというものではありません。身体に染みついた生き抜く知恵、生き方であり、何度も安全な思いをして自分で修正していくものです。頭では起きないとわかっていても「悪いことが起きるはず」

と思ってしまうというものです。身につけてきた思い込みを、「そんな考えでは世の中でやっていけない」とか「そんなふうに思うのは変だ」と無理に修正させようとすることは、それまで生き抜いてきたその子を否定することにならないでしょうか。「まずは拒否、否定せずに受け止めてほしい」のです。

フラッシュバックと一言でいいますが、突然の天変地異のようなものから、薄々わかる馴染みの経過をたどるものなど、トラウマを思い出す様子は様々でしょう。また、日常生活の中で大小様々なトラウマにつながる地雷が転がっています。子ども集団が刺激しあってフラッシュバックのようなことが誘発されることも多いです。

過去の傷ついた経験を語らず、目をそらし続けて生きていこうとすることは、多かれ少なかれ誰にでもあります。周りから見れば、場違いの怒り方であったり、動揺だったりしますが、そうなる経緯が見えないため、コントロールすることだけを強いることが多くなります。本人も過去にとらわれずに過ごしたい、自分をコントロールできればきっとそうなると思ってその課題に乗ることもあります。やり切れればそれでよいと思いますが、不気味なものを抱え、不気味さを打ち消すために理想や完璧を求めたりしてしまいます。そのため、さらにうまくいかないことが重なり、無力感が募ったり、他責的になったり、手に負えない課題になってしまうことも多いのです。子どもが過去にふれられると少しだけ状況が変わる。まずはそれをめざそうと思えるといいですね。

トラウマにつながるような思いをしたときに、話が湧き出ることがあります。それまでは、周りのせいにしたり、職員を無能と罵ったりしていたが、機が熟したかのように弾けます。そういう時は、多分その子の身体が話すことを選択していると考えられます。こういうことが起こる土台としては、一見不毛と思えるやり取りを何回も職員と繰り返してきた中で、職員は話を逸らしたり逃げないということを子どもが確信できてきたからでしょう。

突然子どもが過去の話をし始めた時、初めてその子の生きづらさが身に染みてきます。気づいてあげられなくてごめんと謝りたくなるかもしれませんが、言わないその子の意地もくみ取ろう。話さなければ人に伝わらないということはとても大切なことです。職員はそういうことを抱えているはずだと予想し、無駄にコントロールの課題を強いないことが大切です。

誰でも傷は持っていて、それに対して不合理であったり、自分を苦しめるような生き方になったりすることは多かれ少なかれあります。傷をばねにいい人になることもあるし、努力の人になることもあります。そういう生きざまを否定しないで、まずは素直に話せない、やつあたりをしてしまうその子の様子に寄り添うのが、支援の始まりです。

## 3　心理援助の基本は希望を引き出し、応援すること（田嶌二〇一一）

入所してくる子ども達の中には、将来に対する希望が持ちにくく、周囲からどう思われてもかまわないというような、投げやりな態度に感じられる子どもがいます。「今がよければいい」と思っていて、「今よりよくなりたい」という思いも薄く、治療を受けようという思いも持っていない子どもがいます。単純に言えば、虐待は子どもにとって大切にされなかった経験の積み重ねです。大切にされるとは、自分の思いを聞いてもらえる、自分の望みがかなうことがあるということです。思いをないがしろにされたり、希望を言っても相手にされないことばかりだと、子どもは自分がどうなりたいか、何をしたいのかを考えても何もならない、意味がないと思うようになってしまいます。自分がどうなりたいか、どんなことを望んでいるかということを思えるようになることがないと、「今よりよくなる」ために治療を受けるようにはなりません。児童心理治療施設は、治療施設とは言え、治療を自ら受けようとする希望を育てるための施設と考えてもいいと思います。

まずは、自分が望むことをしっかりと思えるようになることが必要です。そのためには、生活の中に選択肢をたくさん用意して、自分の思いがかなう経験を積んでいけるといいです。自分の思いがかなうなら、自分が望むことを考えるようになります。自分が選んでその結果を受け入れるという主体性も生まれてきます。様々な場面でできる限り子どもの希望を尋ねることから、子どもは自分の思いを育んでいきます。

## 4　人との関わりが人を変える

心理療法が上手くいく条件とは何かという研究があります。八割くらいが心理療法を受けないよりも受けた方が大きく改善する。心理療法を受けて悪化するクライエントは五～一〇％というのが研究結果です。クライエントの改善に貢献する要因としては、クライエントの状態（障がいが重いか、生活環境、遺伝的な素因などなど）とカウンセリング以外で起こったことが四〇％、心理療法におけるセラピストとの治療関係が三〇%、心理療法に対する期待が一五%、技法、治療モデルの違いが一五%と研究から言われています。

期待できること、希望を持てること、この人となら、ここでやればよくなっていけそうと思えることが、心理療法の成功に大切ということが、研究から示されることです。子ども自身が将来に前向きになれること、周りの人に支えられていると感じられるようにどう支援するかということになります。前向きになることに関しては今まで述べてきました。そして、人といっしょだと前向きになりやすいということが、施設での共同生活での利点です。

「いっしょに」ということは、面と向かっていうより横に並んでという感じが強いです。子どもをどう変えるかと考えると、面と向かって教えるとか、少し前に出て引っ張るとかのイメージになります。これは本人の自主性を損ねる可能性があることは述べてきました。本人に好奇心が出て、何か試してみようと思えるようになるためには、横にいてくれるから、斜め後ろからそっと押し出してくれるから勇気が出るというイメージの方がいいと思います。この時に、二人とも初めてのことに向かう場合は、どちらかが導くというのではなく、いっしょに驚き、怖がることで、より心強くはならないでしょうか。まさに支えあいという感じです。よく考えればその子が初めて取り組む課題なのだから、職員にとっても「その子といっしょに取り組むのは初めての課題」になります。同じことを指導するにしても、A君に教えるのとBさんに教えるのでは違う課題になりますよね。二人で初めてのことにやいのやいの言いながら取り組む経験が、子どもだけでなく職員も変えていきます（初めての経験をすれば人は変わります。特に前向きに取り組めば)。

変えるというより、いっしょに変わってしまうというほうが、あっているのかもしれません。恋人ができると人が変わるのは、変わろうとしているのでも、変えられているのでもなく、二人でいっしょに時を過ごすこと(これは初めての経験です)で、結局変わってしまっていたというのが正しいのではないでしょうか。自分の努力で自分を変えることはもちろんできますが、その場合は結構しっかりした意志、やる気が必要でしょう。共同生活を送るよさは、いっしょという感じを味わいながら、なんとなく変わっていくことにあります。逆に言えば、そういう暮らしができるような生活や環境、風土を作っていくことが大切です。

## 5　共同体のよさを

人は安心をえるために共同生活をしてきました。みんなといっしょだと安心ということですね。みんなといっしょで安心とどうして思えるのでしょうか、そう思えるためには、どういうことが必要でしょうか。

私事ですが、児童養護の子ども達をスキー教室に連れて行なって、考えたことです。初日に、「知らない場所で危険もあるから職員の言うことを聞くように」「多くの人達が君たちのためにお金を出してくれているのだから、……」というよくある注意がされていました。その通りなのですが、緊張を促すだけで前向きになれない感じでした。私が初めに話すことになったときに、どうすれば子ども達が自然と前向きになれるか考えました。そして、「このスキー教室は君たちにいい思い出を作ってもらいたいという思いで、多くの人達がお金を出してくれています。ですから、是非いい思い出を作ってください。ただ、お願いがあります。自分だけ楽しければいいというのではなくて、みんなが楽しい思い出ができるように工夫してください」と話しました。参加したのは中三高三の子ども達ですが割とちゃんと聞いてくれました。結構気に入っている言葉で、何回か使っています。そして、ある年最後のあいさつで、「みんなが楽しい思い出を作れるように、みんな考えて行動してくれたと思います。ありがとう」と言ったら、拍手が涌きました。嬉しかった。

共同生活ならではのよい点だと思います。施設の生活も、子どもが職員の言うようにしていればよくなるというものではありません。子ども達が工夫することで成長していくのです。子どもがより生きやすくなるように工夫することが治療、支援ですが、子ども達みんなが生きやすくなるようにそれぞれが工夫することで、共同生活は成り立ち、よりよいものになっていきます。そこで暮らした経験は、人と協力して生きることへの自信につながりますし、社会に出る意欲を育てます。一対一の個別支援では、目の前の大人とよい経験をする工夫はできますが、周りのみんなといっしょを味わうことはなかなかできません。

共同生活を生きていくために、それぞれの子どもは工夫をしています。気を遣わなければ嫌な顔をされる、我慢しなければ喧嘩になる、など前向きでなく楽しくはないので、本人も工夫とは思っていないかもしれません。でも、このような工夫が喧嘩を減らしているのです。それぞれの子どものそういう工夫がなければ、共同生活は殺伐としたものになってしまうと思います。

時にその工夫があだとなったり、他の子や職員に誤解されたりすることがあります。子どもなりに考えたけどうまくいかなくて、余計イライラしてしまうこともあると思います。楽しくワイワイ暮らしたいけど、時々は静かにもなりたいというような、その子の思いを丁寧に汲んで、いっしょに工夫することが、支援です。

「役に立っている嬉しさ」が社会を成り立たせるといっても過言ではないでしょう。共同生活の中で役に立っている経験を積むことが、将来仕事に向かう力になります。

## 6　地域社会で手助けを受けながらも成長していく力をつけることが目標

児童心理治療施設の治療目標について、単純に考えれば、一般の子どもであれば小学一年生くらいで身につけている力をつけること、と考えられます。小学校に入ると、親から離れ、周りの子どもの様子を見て真似しながら、みんなといっしょに成長していく力を持っています。この力が日本の学校における集団教育を支えています。人を頼る力、周りの流れに乗る力、先生の話を聞いて意図をくみ取る力、お医者さんの言うことを聞ける力、相談する力、そして好奇心をもって多少怖くても不安を自分でなだめ挑戦する力などは、小一の子どもでも身につけています。

幸せな環境で育った子どもは、大人に頼って嫌な思いをすることはほとんどないので、大人に頼ることがすんなりできます。虐待を受けた子どもは、頼るとまずいことがあるかもしれないということがよぎるので、頼れません。一般では見ないですむマイナスの世界を体験してしまったということです。負の可能性を予想せざるをえないということで、ある意味世の中を広く知ってしまったということでもあります。そういう意味でも守られなかったと考えられます。

## 4　おわりに

これまでは、子どもの育ちを軸に述べてきました。この章を終えるにあたって、これからの職員に望んでいることを考えてみようと思います。

時代の変化が大きく、子どもの様子も随分変わってきた印象があります。以前に比べれば、乳幼児期からの関わりが足りなくて、人と関わる力が育っていない印象の子どもが多くなっています。人の間で暮らしていくためには、相手と協調しようとする力が必要です。その力は、実際に人と関わる中で、相手の痛みを感じたり、相手は自分と異なる感じ方、考えを持っていることを想像しようとすることで身についていくとされています。相手を脅かさない関わり方、怒らせないマナーなども実際の経験をもとに身につけていく必要があります。

施設での共同生活はそのような経験を積む機会を多く準備できます。施設では、他人の表情や行動、仕草を繰り返し観察する機会があり、職員をモデルにすることもできます。子ども同士のやり取りから真似る機会もあります。人間はそもそも自分と違うものに脅威を感じます。それが差別を生んだりしてきました。「普通ではないこと」に悩むのもそういう傾向からです。いろいろな境遇で育ってきた子ども達が、育っていくには、多様性の保証が必要です。

ですから職員は、多様性を尊重するモデルになることが何よりも必要です。自分の感覚をあたり前だとして済ますのではなく、どうしてそう思うのかと内省する力が必要です。子どもと関わっていて、不気味さを感じたり、怒りや無力感を感じたりすることは多いです。そういう時にはその子どもと関わりたくなくなります。ましてや、その子どもがどのように周りを見て感じていて、そのような言動になるのかを想像することを避けたくなります。そのような心持ちにいたたまれず、子どもに常識を説いたり、アドバイスをしたり、わかったふうに振る舞ったりして、自分の無力さやいたたまれなさをごまかしたくなります。

まず自分の心の動きに誠実に、いたたまれない自分に踏みとどまれるようになりたいものです。そういう自分を相手にさらすことで、関係が変わることがあります。子どもが職員の正直さを感じられれば、この大人は知らないうちに自分を動かそうとしているのではないかという疑念や怖さを抱かないですむと思います。違和感や若干の怖さを抱きながら、自分の逃げたくなる思いを感じながらも子どもとの関わりに踏みとどまり、そういう子どもを理解できるようになることが理想です。そういう関わりから浮かんでくる感じや思いをフィットする言葉にしてみて、「私は今こんなふうに感じるんだけど」と子どもに確かめるように問いかけることで理解が進んでいくと思います。

多様性に開かれるためには、まずは人の話を丁寧に聞くことが必要です。日頃から人が話している内容だけでなく、口調やたたずまい、場から感じるものにも気を留め聴くこと意識して、練習することが大切でしょう。そして、その場で湧き起こってきて思いを正直に表現できるようになる練習も必要です。

これからの時代は、SNSの発展で大きく変わります。テレワークやオンライン授業が一般的なり、対面での人との関わりが減ってきます。そういう環境でどう適応していくのかは、今までの価値観にとらわれていたり、自分が育ちの中で身に着けてきたものをかたくなに守ろうとしても、うまくいかないように思います。SNSがなくなることはないですから、そういう環境でより幸せに生きていくために、どういうことが大切になるのかを想像することが必要です。共同生活を送るように、人同士の殺しあいを減らすように進化してきた人間が備えた特質は、すぐには変わらないと思います。その特徴を土台にして、どう育てていくのか、どういう能力を加えていけばみんなが幸せに暮らせるのか、生きづらさが軽減するのかを考えられるように、皆さんにはなってほしいと思います。

これまで支援について述べてきたように、治療・支援の考え方は民主主義、多様性の尊重という社会の成熟の流れにそって変化してきました。その流れを推し進めることで、新たな世界が見えてくるように思います。これからは、SNSがあたり前の中で育ってきた人達の感覚が求められる時代です。人の感覚を聴き、自分の思い感じることを話す機会を持ってほしいと思います。

第2講▼子どもの施設で過ごしてきて・Ⅰ

# 私が臨床現場から学んできたこと

●……情緒障害児短期治療施設（児童心理治療施設）での臨床から……

お呼びいただき、ありがとうございました。私が横浜いずみ学園で学んできたこと、考えてきたことをお話しして、こんなふうに現場でやっていくのだということがわかっていただければ幸いです。

## 1　大学、大学院時代——無力の経験

そもそも私は自分勝手に生きてきたと思っています。中学、高校時代から、好きなことをやっているわりには先生達に見守られていたと、今振り返ると思います。大学三年の教育心理学科に入った夏に、小児1型糖尿病の療育キャンプに誘われました。A先生がその頃中心になってやっておられた九泊一〇日のキャンプで、子ども達といっしょに生活するのは初めての経験で、ちょっとした気負いもありまし

た。「心のケアのために行っているのだから、何かできるだろう」と思っていたのですが、何もできなくて、ただ、子どもの中で時を過ごしていました。

ただ、その時に自分らしいなと思ったのは、私はいつも外れた子のそばにいた。「あれ、なぜこんな所にいるのかな」と思いながら、外れた子の横にいて、外れた子が皆の中に入っていくと、私は置いていかれたように独りぼっちになるということを繰り返していました。どうも、そういう面があるのかなと、振り返るとそういう気がします。

大学院に入って、心理教育相談室に所属したのですが、この時代は一言で言えば、無力の経験の時代だと思います。佐治守夫先生が退官された時に大学院に入りまして、臨床心理学を教えてくださる指導教官が一年間いませんでした。学部の時に助手だった飯長喜一郎さんもお茶の水大学に移られた時で、大変に不安な時期だったのですが、逆に、村瀬孝雄先生や岡昌之さん、伊藤研一さんなど、諸先輩が心配してくれて、その時期は入れ代わり立ち代わり相談室に来てくれていました。目をかけてくださる方がいらっしゃって、自分なりにいろいろ馬鹿なことをやっていたはずなのですが、優しくしてくれるので、臨床をやめられなくなったというのが事実です。

その当時のことで今も私の骨格になっていると思うことを話します。まず、初めて担当したケースですが、私が事例検討会にこのケースを発表した時に、B先生がわざわざ来てくださっていました。B先生は発表を聞いて、「この子のこと、君はわかってないよね。ちょっとはわかっているけどね」と言って、そのまま黙ってしまわれたのです。

その後もB先生にはきびしいことを言われていまして、夏合宿の時にテープカンファレンスというのがあって、一セッションのテープをそのまま流して検討するというものです。おどおどしてテープを流したのですが、その時に「君は、この人のことはわかりたくなかったんだね」と言われ、かなり落ち込んだのです。次の朝にB先生が、「どうしたの、髙田君、そんなに落ち込んで」と声かけて下さったのですが、わかりたくないなんて臨床家として致命的な言葉を言われているわけですから落ち込みます。今振り返れば、そう言われて当然です。ただ、今ならそういう気持ちになることもあるなと素直に思えるのです。あの時そう言っていただいたことで、自分の中で自分に問いかける言葉の一つができたと思います。

修士課程三年の時に地域の教育相談所の非常勤の職を紹介されました。大学の心理教育相談室で相談をやっていた時は、非常に気負ってやっていました。心理臨床とはこういうものかとか思いながら、一回一回、テープをとってそのテープを起こしたりしながらやっていた。でも、地域の教育相談所では、立て続けにケースが入ってくるし、テープをとることもしないし、全然違うわけです。

三〇年以上前の経験ですが、虐待を受けた子どもに会いました。二回目に会った時は一回目と顔が違う。なぜ顔が違うかというと、殴られ方が違うからなのです。面接室に入れても、走り回っているだけ。その時に、児童相談所のケースワーカーの人に、怒られたのです。当時は親の同意なく保護することは今よりはるかに難しい時代でした。このケースもワーカーが何回も親に保護を拒否されていました。子どもを虐待しながらも子どもの治療を求めて教育相談所にきていたのです。そのような状況でワーカーから「親に免罪符を与えるような教育相談をやってどうするんだ」「自分は、このケースをいつ保護するかのタイミングを計っているのだから、余計なことをするな」と言われました。実際に、すぐに保護されました。すさまじい虐待なのですが、保護された話を聞いた時に、ふと「温かいご飯を食べさせてあげてください」という言葉が口から出てしまいました。何の役にも立たないばかりか余計なことまでした人間なのに、非常に生意気な言葉を発し、今でも自分が嫌になります。この経験は大きくて、面接室の中で臨床をしているというのは、広い目から見ればどの程度のものなのだろうと、痛く思わされました。世の中には、面接室だけでは何ともならない、そういう人達がいっぱいいるはずだと思わされたのです。

同じ時期に、ネグレクトの子どもにも会いました。赤ちゃんの時にじゅうたんの毛をむしって食べていたというエピソードのある子どもです。年少の子に対して性的ないたずらを繰り返す。小さな女の子をトイレに連れ込んでしまう。面接しても、手も足も出ないという経験をしました。そういう教育相談所での経験があって、大学の中のいろいろと整った面接室を出て、本当に支援を必要としている人に会ってみたいという思いが湧きました。

同じ頃、統合失調症の男の子の家庭教師をC先生に頼まれてやっていました。ある時に、その子が勉強をしなくなったのです。なぜなのかよくわからなかったのですが、腹が立ってきて、「どうしたの」ときつく聞いたんです。そうしたらその子が、「僕はあの時から、死んだのです。だから、できないのです」と言い始めて、「あの時」というのは発病の時ですが、何となく時間が止ってしまった冷たい世界が頭に浮かんでしまって、その子が喋った後に、「先生、もう一問、解きましょうか」と言ったのですけど、「いいや、いいよ。終わりにしよう」と言ってしまいました。そのまま関係も終わりになってしまったのですが、そのことをC先生に報告しに頭を下げに行ったのですが、C先生から、「あの後、大変だったんだよ」「おまえ（高田）、怖かったんだね」と言われました。

振り返れば、人の心を垣間見るというのはすごく怖い、本当に怖かった。虐待の子の時には、ふれることもできなかったのですが、この統合失調症の子の場合には、なぜかすっと自分の中に彼の心のイメージができて、怖かったのだと思います。

これだけいろいろ言われたり怖さを感じれば臨床家になるのを止めようかと思うのですが、多くの先輩方が暖かく接してくれたお蔭で、やめずにここまでやってきました。このような経験をして、自分は大学でぬくぬくしていてよいのだろうか、このままで本当の臨床家になれるのかという思いが強くなっていきました。

そういう折りに書いた修士論文が、先ほど話した慢性疾患患児の療育キャンプの効果研究です。子ども達はキャンプに行く前は、同じ小児糖尿病の子は弱い子だと思っていたけれど、キャンプの真ん中くらいから、「小児1型糖尿病の子は精神的に強いんだ」と考えるようになります。今なら、ピアサポートとリジリアンスのような観点から考察できるかと思いますが、ピアサポートやリジリアンスというのは、今自分がやっていることそのままだなという気がします。

余談ですが、この時代は教育心理学科の中のどの先生に相談しに行ってもよいということで、修士論文を書く時に統計の先生に相談したりもしていました。それから、分野の違う院生と話す機会がたくさんあって、今でもとても役に立っています。学園でちょっとした研究をしようとした時に、当時の知り合いの統計の専門家に気楽に聞いたりできるのは、この時代のおかげです。大学院の頃の他分野の人との交流は結構役立っています。

## 2　横浜いずみ学園の心理職として

### 1　児童福祉施設の特徴、求められる役割について

博士課程一年の時にD先生から就職のお話をいただきました。情緒障害児短期治療施設（児童心理治療施設）については、まったく知りませんでした。不登校の子ども達といっしょに生活して学校に通えるようにしていくところだと思っていました。そこに心理屋さんも生活指導員もいるし、いっしょに生活するのだから当直もしたり、ご飯も食べたり、お風呂に入ったりもする。私の中ではキャンプの延長線上で面白そうだということと、福祉施設なので大学の相談室には来ないような人達と会えるだろうという思いで、応募しました。採用試験の面接で、「夕飯をいっしょに食べたりするのですが、大丈夫ですか」と聞かれて、「夜の時間の子どもが見られるのは、とても魅力的です」と私は答えたそうで、そういう人間だったようです。風呂やご飯を共にするというのはとても大事だと、薄々わかっていたようです。

就職して何年か経ってからA先生に言われたのは、「おまえのような力が余っている人間は、年を取ってから面接室に入ればいいんだ」。バタバタやっていていいんだよみたいに言われ、そうかと思って、この時も、温かく見守っていただいているんだなと感じました。

就職したとたんに、情緒障害児短期治療施設ですから、「治療って何」というところにぶちあたりました。生活の中で、子どもと荒っぽいことも自分を丸出しにしてやっていたのですが、何がよいのか悪いのかわからないままにやっていて、初代の園長にずいぶん見守っていただいたと思います。初代園長は、児童相談所のケースワーカーだった人で横浜の児童福祉を支えてこられた人ですが、本当に好きにやらせていただき暖かく見守っていただきました。

横浜いずみ学園では、心理士が入院治療の管理医のような立場になるのです。担当の子どもの生活をどういうふうにしていくかを決めていく役割があります。不登校で入ってきて、人前に出られない子だとすると、食堂でご飯を食べるわけにはいかないから、部屋で食べるようにする。最初は学校に行けないだろうから、いつから学校に行こうとか、登校して何時間だけ授業に出て帰ってくるとか、数学の時間だけ出席して帰ってくるとかというふうに、その子の生活を決めていくことができます。また、面会のあり方とか、外泊や外出の仕方、諸々の生活のことを決めていく権限を持っています。当然、子どもと話し合いながら決めるのですが、やはりパターナルになりやすい。パターナルというのは、「私はあなたのことをよく知っているから、私の言うことを聞きなさい」というような態度で、そういう態度に染まりがちな環境でした。

施設や里親など公的な仕組みで子どもを育てることを社会的養護と言うのですが、公が子どもを保護して育てるというような発想なのです。子どもの意向は二の次なわけです。国や自治体の施策や判断で保護する。ですから、当人達は虐待と思っていなくても、公的な機関が虐待と認定すれば虐待になるのです。そして、場合によっては親から離して「保護」してしまう。三〇年ほど前は不登校や家庭内暴力の子達が多かったので、「保護」するということは考えなくてすんだのですが、自分のいる福祉の世界にそういうすごい権限があるということが怖かったというのは、覚えています。

そして、例えば学校に行かせようとしてうまくいかないと、それは周りにすぐわかるわけです。その子をどう見立てているか、どう方針を立てて、それをどう伝えるかが下手だと、如実に状態が悪くなる。そういう経験を重ねて臨床の力が鍛えられてきたと思います。面接の中ではなく、生活の中でその子をどう理解するかということが、横浜いずみ学園ではすごく重要なのです。

## 2　その子に適した心理援助、面接の形態について

そして、なぜ面接をするのかということが次につきつけられてくるわけです。前述のようなパターナルな面があって、さらに、私は無骨な人間で、男子校出身ということもあって、上下関係になってしまいがちなのです。面接は対等な関係が求められるわけですが、うまくいかないと、無骨に「そんなのでいいの？　どうしたいの」とか問いかけるわけですから答えが返ってくるはずもなくて、こういう施設で面接というのは何をするものなのかなと考えさせられました。

当時、統合失調症を発症するおそれのある子どももいました。相当の量の服薬をしている子ども達もいました。そういう子ども達と面接室にいるというのは、いったいどういうことなのだろう、そういう子どもと一時間いるのは子どもにとっては拷問だという感じもありました。上司のD先生は精神病院の病棟に入って臨床をされていたので、そのへんはすごく柔軟で、担当の子どもと散歩に出掛けたり、「一日一五分でいいや」とか言いながら面接したり、いろいろなことをやられていました。大学にいた時はなぜか、面接は一時間やるものだとか、週に一回やるものだという考えだったのですが、そういうことではなくて、人によって工夫していくものだと気づかされるわけです。そうすると、面接の形態をどのようにするかと考えるようになるわけです。

しかし、どうにも面接にならない子どももいるのです。例をあげると、家庭内暴力の中学生ですが、その子はどうも、面接のような行儀のよいことが似合わない。面接室にいても全然話さないし、ふだんとはまったく別人になってしまう。結局、面接をしなくなって、しないまま生活場面だけでいろいろと対応していたのです。その子が他の子を脅して金を巻き上げるという事件があった時は、お金の価値も教えるために「自分で稼いで返させたい」と中学校の校長先生に頼みに行って、隣接の病院で一カ月アルバイトをさせてもらって返させました。そうこうしていると、このケースは指導員のケースだなと思ったことがありました。

その子は、最初は家に帰ると暴れてばかりいたけれど、家に帰っても暴れなくなっていました。ある時、「先生、今から帰って、親父と話をしたい」と言うわけです。父親が鬱になったとたんに家庭のバランスが崩れて、父親と母親に対する家庭内暴力が始まったケースで、父親との関係は重要なケースです。だから、失敗はできない。私の頭には「殴りはしないだろうか」という心配があるわけです。彼は、「大丈夫。ちゃんとやって帰ってくるから」と言うんですが、信用できない。担当指導員に、こう言っているんだけど、どう思うと聞いたら、「大丈夫ですよ」とあっさり言ってくれたので、行かせたのです。そうしたら、本当にうまくやって帰ってきて、それから父親といっしょにドライブしたりするようになって、成長していったんです。

「これは心理士のケースではなくて、指導員のケースなんだ」と思えた感覚がおもしろかったので、全国の情緒障害児短期治療施設の職員が集まる研修会で発表しました。その当時、心理士と生活指導員はどう連携するかというのが問題になっていて、心理士が生活場面に入るのは変だとか、心理士は面接だけやって当直はしないほうがよいとか、逆に、どっぷり浸からなければ子どものことはわからないとか、いろいろな立場の施設職員がいました。目の前で子どもが喧嘩した時は、心理士は叱らないで指導員が叱って、心理士がフォローするとか、そういうことを一所懸命に考えていた時期があったんです。そういう時期にそのケースを発表したら、コメンテーターの先生が「これは心理と生活の連携なんていう問題を突き抜けているケースですね」と言ってくれて、すごく嬉しかった。ただ、その先生は、最後に「面接をしていたら、どうなったでしょうね」と聞かれました。何年か経ってその子と話していたら、「先生が言ってたことは、難しくて全然わからなかったよ」と言われて、やはり面接はできなかったなと思いました。

### 3　施設で育てることについて

生活の中で援助するということについて、別のケースで考えたことを話します。このケースは、弱々しい男の子で、母子家庭の子どもです。中学生になって思春期的な問題をいろいろ起こすわけです。急にやる気がなくなったり、弱い子を陰で脅したり、特に異常はないのですが心臓が痛いとひどくおびえてしまったりするような子でした。このケースはカンファレンスで、ある先生をお呼びして聞いてもらいました。私が、父親のいないこの子に対して、何がしてあげられるだろうか、何をしてあげるのがよいだろうかということをずっと考えていたと話したら、その先生に、「そうか、君は父親になりたかったんだね」と言われました。

普通、心理屋にとって、「父親になりたい」というのは受け入れにくい言葉だと思うのですが、わりとスッと自分の中に入ってきました。やはり父親の役割とか、父親が日常生活で与えてあげられるものは何かとか、母親が与えられるもの、実際は父親や母親でなくてもよいのだろうと思いますが、そういうような機能は何だろうということを考えなければ、育てるということにならないのではないかなと考えていました。その子は小学校低学年で入所して、中学卒業までいた。人生のとても大事な時期を、学園で過ごしているわけです。だから、その中でどういうことをしてあげられるかというのは、きちんと考えなければいけない。それは、病気を治すとか、症状を治すとかいうことではなく、成長を保障するという意味です。

次は、ネグレクトの女の子。小学校低学年で入所して、高校卒業までいた子です。託児所に置き去りにされて、お母さんは全然迎えに来ないで、何カ月もたって、児童相談所に保護されたケースです。暴れるし、職員の言うことは聞かない子でしたが、可愛いところがあるのです。大変な生育歴だけれど、すごく魅力的な子で、生きる力がありました。

私達が初めて生育歴を読む時、まず生育歴の悪い面ばかりを読んでいく傾向があります。そうすると、どんな可哀想な子なのだろうという感じになってしまうのですが、実際に子どもを見ていると、そうではなくて、まさに生きる力があると感じさせてくれることがあります。その子にはいろいろなことを教えてもらいました。

お母さんは行方不明で、親戚宅に時々外泊していたんですが、中学になった頃から、「どうもお祖母ちゃんはお母さんのことを知ってる気がする」と疑い始めたんです。中二の時にどうしようもなく気になって、私に「お祖母ちゃんにこんな質問をしたい」というのを二〇項目書いてきました。その頃は、かなり精神的に脆くなっていて薬の助けも必要でした。「私が生まれた時にどんな天気でしたか」「私が生まれた時に誰が喜んでくれましたか、お祖母ちゃんは嬉しかったですか」「私の名前は、どういうふうにして付けたのですか」「お母さんはその時、喜んでくれましたか」と、読むだけでつらくなるような内容でした。ネグレクトを受けた子や、出自がはっきりしない子どもにとって、その問題はこんなにも大きいのだ、その問題にきちんと向き合うために、その子らはかなり危うい状態になることもあるのだと思いました。今は二人の子どもの母親で、すごく元気な子を育てていて、時々来てくれます。姑さんとも仲よくしていて、周りの人にうまく頼りながらやっています。

あの子を見ていると、生育歴の悲惨さはあるけれど、本人に力があって、人とうまくつながっていく力がある。それは、生育歴だけを読んでもわからなくて、私達施設の人間がそういう力をどれだけ伸ばしてあげられるかがとても大事だと思います。それはまた、職員の能力も問われていることなのですが……。

## 4　面接の内容について

その子は面接についても、いろいろなことを教えてくれました。遊びを通して自分の内面を表現し課題を克服していくプレイセラピーの中で、「この子は今、こんな課題を持っているんだ」と思わせてくれた子が何人かいるのですが、その中の一人です。

虐待された子は、チャレンジするということが不得手で、臆病です。自分の世界の枠を広げるとか、開いてみるということもものすごく不得手で、怖い。自分の世界を守ることに必死になっているのですが、そういう人達が何かやってみたいと思った時には、おっかなびっくりになってしまいます。それを遊びの中で出します。

例えば、大きな積み木をアスレチックみたいにして、ぐらぐらする上を渡って行くとか、そういうような課題を自分で作って、怖くてしかたないけれど、私などに支えられながらやるとか、私にやらせるとか。そういうプレイをした子が何人もいました。

それから、ドミノを一時間かけてものすごくきれいに並べる。「こうやって自分の集中力を高めたいのか」と思わされるほどです。その後の経過を見ていくと、生活の中で似たようなことを始めるのです。今まで不得手だった笛の練習を始めるとか、何かの挑戦を始める。

キャッチボールや、卓球をするというのは、教科書にあまり書かれないプレイらしくない面もあると感じるのですが、その子には意味があります。卓球はボールのやり取りですから、相手を打ち負かすのではなくて、何回続けられるかというように考えれば、相手を気づかいながら打ち返さないといけないじゃないですか。相手にあわせる練習が卓球であったり。だから、子どものやることは、よいとか悪いとか、深いとか浅いとかというような評価はできないと思います。また、いつもそういう面接になるわけではなくて、ある時には消えて、また出てくる。長い間、子どもと関わっていると、そういうことが節目節目に起きてきます。そういう面接経過になるのだなと思います。

## 5　パターナリズムとインフォームドコンセントについて

「治療とは」というところに立ち返るのですが、私は「治療」という言葉はだんだん使わなくなって、最近は「心理援助」という言葉を使っています。治すというのは、壊れたものを元に戻すようなイメージがどうしてもあるので、使わないようにしています。

先ほどお話ししたように私達は、管理的な関わりをどうしても余儀なくされているのです。そういう人間が「治療」という言葉を使いながら権威的な振る舞いをするのは、かなり問題ではないか、それは私が学んできた心理臨床ではない、という思いがありました。その頃は、「こどもの権利条約」が日本で批准された時期です。その後、体罰の問題がクローズアップされたり、施設内の虐待がクローズアップされたりしました。その時期に、子どもの権利をきちんと考えるとか、尊厳を守るということを考えていたんですが、熊倉伸宏先生という土居健郎先生のお弟子さんが、インフォームドコンセントに関して述べた本を出されました。『臨床人間学』(一九九四)です。すごくよい本だと思います。

その本で熊倉先生があげているのは、薬を飲むことを拒む患者さんのケースです。主治医になった熊倉先生は、治療のためには薬を飲むことが必要だと繰り返し繰り返し説明され、その患者さんは自分では飲まないのですが、注射を受けることは拒まなくなります。その後、その患者さんはよくなっていきます。熊倉先生との関係が薬に関するやり取りの中でできてくる。「こういうことなのだな」と思ったのです。それは子どもが相手でも、きちんと「自分はこう思うけれど」ということを言って、子どもが「ええー」とか言ったら、違ったかと考えるくらいの度量がないといけないということです。

パターナルな人間は、そういうことはしないのです。「こちらが思っているのが正しい」ということで、子どもに聞いたりはしない。子どもが「えっ」と言ったら、「お前はわかっていないんだよ」と言う。そうではなくて、子どもが「えっ」と言ったら、子どもにわかる言葉で説明するとか、子どもの反応を聞きながら、「そういうことか」と考え直してやり取りをしていくことが大事になる。インフォームドコンセントをキーワードに使うのは、私の施設のようなところでは大変有用なのだと、開かれた思いがしました。

## 6 被虐待児の援助モデル、成長促進モデルについて

話は戻りますが、治療とか援助とか言っていても、児童期、思春期の大事な時代を施設の中で過ごしているわけですから、育てるという姿勢がないといけない。そう考えると、子どもを育てる生活とは何だろうというふうに考え始めました。

阪神淡路大震災の後にトラウマのモデルが流行って、ポストトラウマティックプレイセラピーとかが紹介されました。でも、私の中ではピンと来なかったのです。先ほどの子のように出自の問題はすごく重い。それに焦点をあてるようにもっていくのは、どこか操作的だし、好きになれなかった。そうではなくて、成長をきちんと見守っていってあげるとか、成長の節目にきちんとした支援をしてあげるようなモデルが適しているのではないか、成長促進モデルとか、発達障がい児の療育モデルのようなものの方がピンと来るのです。虐待が問題になったのは二〇年くらい前からなのですが、うちの学園（横浜いずみ学園）では二〇年前には、半数以上が被虐待児でした。ただ、「虐待」という言葉を使っていなかっただけです。そういう子ども達に対して発達的なアプローチをしていかなければいけないのではと思っていました。

その頃、京大の鯨岡峻先生の本が出たのです。『原初的コミュニケーションの諸相』（一九九七）。すごくおもしろかったです。恥ずかしいことに、それまで私はスターンを知らなかったのです。「先生の言うことは難しい」と言うような、言葉では上手くつながれない子どもとコミュニケートする時に、情

動調律というのはすごくフィットした概念で、それで考えをまとめていくようになりました。

## 7　虐待による傷を癒すことについて

トラウマに関してですが、面接室の中だけで虐待体験など深い話がされると思っている方がいるかもしれないけれど、施設の中にいるとそうではなくて、いろいろな生活場面で虐待体験が語られます。驚かされた経験なのですが、私がぼけっと座っていて、子どもも私の隣でぼけっとしていたのです。昼飯を食べて、ちょうど一時過ぎくらい。眠くなってくる感じの時に、私の担当のある子の話に衝撃を受けました。その子は衝動性がすごく高くて、同級生に怪我をさせるようなことがあって治療入院になり、ある程度よくなって、学園に入所した子です。パニックを起こすたびに「殺せ」とか「縛れ」とか言うわけです。その時の目が本当に絶望に満ちているというか、どうなってもいいというような目つきなのです。不登校の子や家庭内暴力の子などのパニックというのは、どこかで「救ってほしい」という甘えたところが見え隠れするのですが、その子は本当にどうでもいい、今すぐ殺せというような、絶望に満ちていた。そういう子に会ったのは初めてで、それまでに虐待の子には何人も会ったけれど、こんな絶望的な目は見たことがないというような子だったのです。

その子が隣にいて突然言ったのは、「先生、僕、赤ちゃんを殺したんだ」。「えっ、どういうこと」と聞いたら、「泣いてうるさいから、タオルをかけたんだ」と言うわけです。その子が幼児の時に、弟は亡くなっているのです。びっくりしてしまって、記録を読み直して弟の死因を調べて、園長は医者なので駆け込んで、「こういうことを言っているのだけど、それでこういう死因になりますか」と聞いたら、「ならない」。それで、その子のところに行って、「おまえのせいで死んだんじゃない」と言ったら、「でも、僕はタオルをかけた」。「それは、誰かに言われたの?」「お父さんに言われた」。「そうか。今まで、そのことを誰かに話したの?」「誰にも言っていない」。その時に、こんなことを抱えて生きてくれば、絶望的にもなるだろう、こんなことを抱えて生きている子がいるんだと思いました。それは面接室の中ではなくて、一番眠いなあという時にポコッと、眠いというか、何のバリアもない時だから話し出したのかもしれません。その子はそれから、無茶なことはしなくなっていきました。

虐待の子というのは、時々(何の脈絡もなく)あることを契機として自分のことをふっと話すことがあります。別の例ですが、職員が四人がかりで押さえるというようなひどい暴れ方をした中学生男子がいたのですが、それを見ていた小学生の子が、怖くなってしまってパニックになった。それで生活場面から離して落ち着けるようにいっしょにいたわけです。「そろそろ、戻るか」と聞くと「おんぶして」と言うので、おんぶして居室に入れたら、「先生、ここに座って」と言うわけです。そうしたら、「お父さんを訴えられるか」と言うわけです。その子は怪我の跡があるのだけど、その怪我については、誰にも言わなかったけれどお父さんにやられた。そういうことを初めて話したのです。「訴えられるか」と聞くので、「訴えられると思う」と答えました。「受診した時に、医者が何回も「これは事故じゃないはずだよ。なぜこうなったのかな」と聞いてくれた。でも、お父さんが怖くて、「自分がやった」としか言わなかった」と話した後に、その子は、「でもね、その先生チョコレートくれたんだよ」と思い出して話してくれたのです。私を座らせて一時間、虐待体験を語って、その後は穏やかになって寝てくれた。こういうことも、生活の中では起こります。

面接室の中だけではなくて、あるきっかけでそういうことが起こったり、ご飯を食べている時にふと思い出したり。それが虐待のつらいところで、何がきっかけでそれが思い出されるかは、なかなか予想がつかない。歯を磨かせようとしたとたんに、昔の虐待体験がよみがえるというようなこともあります。

こういうことから、被虐待児を癒すというのは、週に一回の面接というより、日常の場で修正されていく。虐待について語りながら、その体験が修正されていくという、いわゆるナラティブの考え方だと思いますが、そういうものなのだなと思います。

虐待の子ども達を見ていると、つくづくひどく脅えた健気な子ども達だなと思います。悪意があったり、人を脅かそうとしたりするのではなく、自分が生き延びるためにどうしようということしか考えていない。だから、怖ければパニックになるし、相手を攻撃する。すごく健気に生きている。だから、そういう子達は、ふと「ありがとう」とか言ってくれることがあって、今話した子は、クリスマス会でプレゼントをもらった時に、「ありがとう、ありがとう」と職員に言って回っていました。決して裏をかくとか、人を貶めるというような余裕のある世界に生きてはいない。自分が生き抜くためだけに苦労しているのです。このように考えているので、モデルとして洞察を重視するというよりは、リジリアンスですね、生活の中でどうやって苦境をはねのけて生きていくか、はねのけなくてもよいのですが、誰かとつながるということを糧に生きていくか、過去と未来の希望をつなげる物語をどうやってつくっていくか、ということですね。さっきのチョコレートの話はとてもよい話だと私は思っています。それ以来、彼はその話をしていないし、最近は「パパと映画に行ったんだ」とかいう話もできるようになってきていますが、そういうように心は成長していくのかなと思っています。

## 8　発達障がいなど素因の問題

また、話は変わりますが、今関心があるのは発達障がい的な問題です。発達障がいに似た問題が割と多く見られる。なぜそうなるかはわかりません。虐待環境だからと言ってしまえばそれまでなのですが、解離の問題とかで記憶が積み重ならないこともあるのかもしれませんが、いずれにしても学習のつまずきが見られます。今、成育医療センターの発達心理科の先生達と原因を調べているのですが、作業記憶が弱いとか、いくつかの特徴が見られます。その人達にどのように支援をしていくか。そのまま放っておくと、あまりにも勉強ができなくなって進学できなかったりするのです。

元々家庭に恵まれない人達が学歴もないとなると、社会参加のうえで大変不利になります。しかし、勉強ができると子どもは自信を持てるわけです。非行がひどくなるかならないかを左右する要因の中で大きいのは、学習能力であるというデータがあるくらいです。学習能力が高い子は、転落しにくいのです。そういう意味でも、いかに学習支援をするかということに関心があります。文章が読めなかったり、覚えられなかったり、新しい単元に入るだけで尻込みしたりで、学習の動機付けをするだけですごく時間がかかるので、何とかできないかというふうに思っています。

## 3　今後、管理職として

　これまでは自分だけの話をしてきましたが、管理職になって頼られる場面が出てきました。また、他機関との協働とか、児童相談所や学校の管理職同士との話も大事になってくるわけです。これは他の職員が担当したケースなのですが、境界例的な問題を起こした女子が学園でやっていけなくなって入院しました。数カ月後に退院の話が出てきたけれど、そんなに変わったようには見えない。家に帰すわけにもいかないので、引き受けざるをえないけれど、学園としても自信がない。学園でやれなくなって入院したわけですから、そのまま戻ってこられても困る。何とかならないかということで、児童相談所にお願いして、児童相談所の所長、係長、担当ケースワーカー、うちの園長、私、担当職員、その子どもの親、親戚を呼んで一同に会して、どうしていくかということを話し合いました。そこで、学園で過ごすけれど、息抜きのために週に一回児童相談所に通わせ、そこで面接もしてもらうこと、外泊の時は、親のところだけではなくておばさんに面倒を見てもらうこと、をみんなで確認しました。

　通常であれば、学園の中で何でもやってしまうのですが、児童相談所に通わせるとか、児童相談所の心理に面接をお願いするという居場所、拠りどころの作り方で、この子は何とかやりながら、外泊も重ねて家庭に戻っていきました。高校を卒業して、進学もしました。これは学園と児童相談所の担当者同士ではなかなかうまくいかなくて、上の立場の人を動かした点がおもしろかったケースです。

それから、学校の先生達との協働についてですが、地域の学校の分級がうちの学園の中にあってカリキュラムについて調整してもらったり、本校の設備を利用したり、特別に授業の一部に参加させてもらったりしています。そういうケースマネージメントというか、管理職としてできることもあって、それは実際に子どもと接して何かをするというのとは違って、結構おもしろいと思います。

今後は、職員へのコンサルテーションの比重も増えていくようになると思いますが、〝指導する〟というのは私の課題だと思います。最も苦手なのです。実は教育学部に入っていながら、教師にだけは自分はなれないと思っていたのです。つまり、後進の面倒を見るとか教えることに興味がない。いつも自分がどうするかということばかりしてきたので、これから一歩引いて何ができるかというのが、課題かと思っています。

＊

最後に、子どもの詩を紹介しようと思います。養育能力の低い親に育てられた不登校の女子で、今で言えばネグレクトです。学園を退園して、高一の秋に突然手紙をくれて、それまでにも何回も学園に来てくれていたけれど、「こんな詩を学園を思い出して書いたから、先生あげる」と送ってくれました。

「学園を思い出して」

嬉しいときに　笑い

悲しいときに　泣く
そんなあたりまえのことが
あたりまえのようにできる
人間にあこがれていた
なんでもないようなことが
人生を変える瞬間だった
永遠に続くような気がしてたけど
未来をだきしめよう　と
走り始めてから
時は　ゆっくりと　確実に
『思い出』を刻んでいった
過去は　後ろに　流れだし
「ふりむくな」　と　叫んだ
好きなものを　大切にする気持ち
ずっと守り続けて
忘れたくないから

その頃はまだ虐待という言葉もなかった時代ですが、今考えれば虐待というのはこういうことだと思います。「嬉しい時に笑い、悲しい時に泣く。そんな当たり前のことが当たり前のようにできる人間に憧れていた」。これは、本当にそうみたいです。

すごくセンシティビティの高い子で、高校を出てからも大変でした。ずっと苦しみが続くように思えるとか、未来が開かれていないとか、あたり前のことに憧れるということを、虐待を受けた子ども達はよく言います。この詩は虐待を受けた子ども達の心持ちをとてもよく教えてくれる詩だと思います。この子が面接の中で、「先生、何のために生きるの」と聞いてきたことがあります。それまでも結構、実存的な話をする子だったのですが、「何のために生きるの」と聞かれて、茶化すわけにはいかないじゃないですか。まじめに考えました。「人それぞれ、いろいろ考え方はあるだろうけれど、一つは死ぬためかな」と私は言ったのです。そうしたらその子は、「そうか」とすごく楽になったみたいでした。人生には終わりがあるのだと、無限に今が続くわけではないということで、すごく楽になったみたいなのです。そういうことが、もしかしたらこの詩に反映されているのかなと、後で思いました。

自分なりに考えてきたことをお話ししましたが、みなさんが現場を少しでもイメージできて、臨床家の中にはこんな歩みをする人もいるのだなと、参考にしていただければと思います。ただ、なにもかもお話ししているわけではなく、言葉にしにくいことや整理のつかないことなどもまだいっぱいありますので、今日の話も話せる部分だけだというように割り引いて考えてください。

# 第3講▼子どもの施設で過ごしてきて・Ⅱ

# 現場で感じてきたこと、現場を離れて考えたこと

●……………子どもへの支援、職員のサポートについて……………

## はじめに

二〇〇七年四月に園長になり、直接処遇から外れ、現場を距離を持って見る立場になりました。そして、どっぷり現場に浸っていた頃の感覚を見つめる余裕ができてきました。こうして書いている今、現場にいた頃に心の中に溜まった澱が薄れていくような、それと共にためらいも薄れ、言葉にならない、しにくい、したくない過去の心模様が言葉にできるようになっている感じがします。日々の申し送りや報告を聞けば、さてどうしようかと以前と同じ様な反応が起きますが、子どもには会いません。会わないですむし、言い訳にしているような後味の悪さはありながらも、園長が会うことのまずさを考えとどまります。

ただ、現場に入ると想像するだけで重さが自分を襲うのは、まさにトラウマに対する反応です。この感じはしばらくすればすっかりなくなる気がします。今考え、吟味しておかないと、現場から遊離して上っ面なよき思い出だけを語り、下を責める嫌な上司になるようなおそれは大きい。そこで、園長になってつらつらと考えて来たことの中から、最近よく耳にするアタッチメント、バーンアウトという概念に絡めて、子どもへの援助、職員のサポートについて述べてみます。

## 1 援助について

### 1 アタッチメントについて

アタッチメントは、愛着と訳されたため「愛情豊かな関係」というイメージを抱かれやすいです（そのような意味合いで使われることのほうが多いように思われます）が、そのような情緒的な意味合いは、ボウルビィ Bowlby（一九九一）の当初の定義には含まれません。ボウルビィは、アタッチメントを危機的な状況に際して、あるいは潜在的な危機に備えて、特定の対象との近接を求め、またこれを維持しようとする個体の傾性（生まれながらに身についた傾向）と定義していて、安全感の確保を前提としています（遠藤 二〇〇七）。安全感を確保することが何よりも大切なことで、大人との情緒的な関係はそのうえにめざされるものです。「子どもを脅かさない生活環境」を作ること、安全を求めて近寄ってきた子どもに安全を保証すること、つまり「大人は守ってくれる」と思えるようにすることが、集団生活か家庭的な養育環境かという養育形態にかかわらず大切であると読むことができます。

また、ボウルビィは幼児の探索活動を支える養育者の安全基地としての機能に着目していて、安全基地になるための条件として応答性を考えています。以上を整理すれば、まずは安全感の確保があり、そのうえに応答性のある関係、そして探索を支える安全基地としての機能という段階が想定されます。

## 2 安全感の確保、環境調整について

では、子どもに必要な環境とはどのようなものなのでしょうか。子ども達の中には、特定の個性ある人と関係を結び相互に影響を受けるまでには育っていない子どもがいるでしょう。周囲に対する警戒が強く不安にさいなまれている子どもは、人より状況に反応して混乱してしまうので、支援者の質よりも生活環境が問題になります。そのような子どもにとっては、胎児が子宮で守られていると喩えられるように、外敵から守ってくれる器としての環境が必要になります。

支援としては、生活環境を調整することがまず必要で、それが入院治療であり、入所治療の方法です。安全感を感じられる環境として大切なのは、予測の立つ生活（規則正しく日課が流れること、周りの人の対応がある程度一貫していることなど）、休息休養を邪魔されない居場所の確保などが考えられます。

人と密に関わらないでいられるということも子どもによっては必要になるでしょう。被虐待児は「なじみ感覚」（海野 二〇〇七）を求めて、虐待的な雰囲気に惹きつけられることもあります。生き抜いてきた雰囲気に安心を求める〔ジェームズ James（二〇〇三）の「歪んだ愛着」、「トラウマボンド」〕から

ですが、支援は、虐待的な雰囲気ではなく安全感に満ちた雰囲気になじめるようになることを促し支える地道で長い道のりになるのでしょう。

子ども達が安全感をえられるような環境を作るには、生活の場での職員のあり方が重要です。その面での職員（職員集団）の力量が問われるべきですが、そのような視点は弱く、子どもとの一対一の関係における職員に注目する傾向に偏っていると思います。

## 3 応答性のある人間関係

安全が確保される環境が整えられたうえで必要と考えられるのが、応答性のある人間関係です。応答性とは、子どもの出すサインに応えてくれる（例えば、危機を感じ近づけば守ってくれる）ということです。ボウルビィは「子どもの養育に対して機能し、責任を持つ大人が一人もいないと子どもの発達は大きな不利益を被る」と述べ、持続的で応答的な養育者の存在の必要性を指摘しました。その大人が母親でなければならないと読むと「三歳までは母親の手で育てないと子どもは問題を出すようになる」といった乱暴な通説の根拠のように読めてしまいます。しかし、責任を持つ大人が母親である必要はなく、複数でもよいと解釈すれば、核家族形態以外の養育環境でも立派な子育てが可能であることになります。

実際に世界中に様々な養育形態があり、その文化を担う人材を育てており、イスラエルのキブツのような集団養育でも子どもが育つことが知られています。発達心理学では、そのようなソーシャルネットワークによる養育の研究が進んでいます（ロゴフ Rogoff 二〇〇六）。施設において職員が交代でケアするとしても、総体として応答的な職員集団であればよいと考えられます。

## 4　成人愛着面接の研究から

アタッチメントの研究の中に、養育者の特徴を調べる成人アタッチント面接（ＡＡＩ：adult attachment interview）の研究があります。ＡＡＩはこれまで養育を受けてきた経験を想起してもらい、語り方から成人を分類するものです。防衛なく冷静かつ整合的に語り、かつ現在、適応的な振る舞いを見せる者（自立安定型）が、養育者としても安定しているという研究結果があります。そして、過去に不遇な親子関係の体験を有しながらも自立安定型に分類される人が相当数いることがわかっています。この結果は、養育に影響を与える可能性のある成人アタッチメントが、実親との経験により確定されるわけではなく、実親以外の他者との関係にも影響を受けうることを示しています（久保田二〇〇六）。

施設の養育目標の一つに、子どもが将来養育者として機能できるようになることをあげることに異論はないと思います。前記の研究結果から類推すれば、施設の中で、語りを促進し、被虐待体験を含め自分の過去を情緒が乱れることなく、安定して語れるように支援していくという目標が考えられます。特に、育てられる者でありながら育てる者にもなっていく変節点である思春期に、前述の支援は重要でしょう（林二〇〇七ａ）。施設の思春期の子ども達が出自の問いをすることからも、そのことが子ども達のニーズであることを表しています。

## 5　養育者イメージについて

それでは、施設で育つ子どもは、施設職員から受けたケアから、どのような養育についてのイメージを作り上げ、自分の子どもの養育に生かすのでしょうか。児童養護施設の子どもでも理想的な親イメージを持っていることは村瀬他（一九九一）の研究で明らかです。また、青木（二〇〇七）はフィリピンの子育てを見聞し、母親は働きに出て子どもとふれあう時間はほとんどなく、兄姉、親族によって養育されているのに、子どもの中では母親がしっかり養育者としてイメージされていると述べています。

このように、様々な人から受けたケアがまとまって養育者イメージが作り上げられると考えられ、施設の職員集団の応答的なケアが養育者イメージとして子どもの中に形成されることが推測できます。母親イメージ、父親イメージというものも、養育者イメージが社会的な性役割にそって分かれたものでしょう。「お母さんみたい」「親子みたいだよね」と子ども達がつぶやくときに養育者イメージは形成されつつあるのでしょう。

ある先生にこのような考えを話したところ、総体的な養育者イメージができるとしても、持続的に世話をする特定の人が必要ではないかと話されました。実在の人との関わりを通して、理想が実現するわけではなく「現実はこんなもの」というような現実感を持つことが必要ではないかということです。このことは、特定の養育者に持続的に育てられていれば必然的に起きますが、施設の中では、複数の職員がいることから、職員のよいイメージだけが理想として保たれることは想像できます。また、よいケアとよくないケアのイメージが統合されずに分裂したままになる場合、それによる問題が生じる可能性も想像できます（精神分析の境界性人格障害の病因論に近いです）。

一人の職員との関わりが良い面も悪い面も統合され、その人のイメージが作られ、複数の職員のイメージが総体として養育者イメージとなることもあるのか、そのあたりはイスラエルのキブツのような集団養育の環境で育った場合はどうだったのか、今後探求すべき課題となります。

## 6　実在する親イメージと養育者イメージ

視点は変わりますが、滝川（二〇〇七a）は、キブツにおいて次第に親子で過ごす時間が増えていったのは、こんな親や家族から生まれたという物語が人には必要であるからではないかと述べています。SF小説の中で、機械により生まれ育てられた子ども達をテーマとしたものがありますが、同様の疑問の文学的探求でしょう。小説の中では、没個性的な人間というイメージが描かれるのですが、その裏には、かけがえのない独自性のある「自分」の感覚が必要であるというテーマがあると思われます。

ある子が「お母さんとの思い出は覚えているけれど、お母さんの存在がなくなっていくような気がする」と話したことがあります。単純に、肌合いとか触感的なものを忘れ始めたということかもしれませんが、学園で世話を受ける経験の積み重ねでできた養育者イメージが、実母との記憶を凌駕し始めたということとも思え、印象的でした。帰省などの機会に乏しく実親と疎遠になってしまうと、養育者イメージと実親のイメージをどう統合するかは支援の大きなポイントになってくるでしょう。

## 7　自分を語れるようになる支援

「4・成人愛着面接の研究から」で、語りを促進し、被虐待体験を含め自分の過去を安定して語れるように支援していくということが支援目標として考えられると述べましたが、子どもが被虐待体験を話したことだけをもって、支援目標が達成されたことになるのではありません。被虐待体験は、無理に思い出させると再受傷の恐れもあり、話させることだけを目標にする介入は避けるべきです。

まずは「自分のことを情緒が乱れることなく安定して語れる」ようになるための支援を検討する必要があります。「語り」は、実体験を時間的な流れにそって意味づけ構造化したものと考えられます。被虐待体験が語れないのは、その経験が子どもには今でも生々しく恐怖に満ちていて、時間の流れにそった意味づけができないからでしょう。このような経験は、対処できないまま支援も受けられず、無力感と恐慌、または凍りつきという状態に留まっていて、「苦境、悩み、もがき、解決への対処」というような物語の構造にならないと推測されます。そのような経験が積み重ねられたため、物語る力をつけられなかった子どももいるでしょう。

子どもの語りがわかりにくいと感じることは茶飯事です。まずは、子ども達が悩み－解決の物語（自分への労いと誇らしさの色合いがあることが望ましい）を経験できるように支援することが大切になります。そのような経験を味わい人に語ることを重ねることが、「自分を安定して語る」力をつけることになるのでしょう。語る力がつくことで、被虐待体験を解決の物語にしていけるようになると思います。素朴なことですが、物語の読み聞かせも語りの構造を子ども達に教える効用を持つのかもしれません

（読み聞かせが、出来事を「苦境、悩み、もがき解決への対処」というストーリーとして表現するひな形を与えることについては髙田・滝井（二〇〇二）等でふれた）。

## 8　子どもの語りを聞くときの条件

安定して経験を語れるようになるためには、その語りを聞く人が必要です。ここでは、語りを聞くための条件を考えてみましょう。子どもがこの人なら聞いてくれる、混乱しないで話せそうと思える関係を築くことが前提です。また、生き抜いてきた子どもへの労いと畏敬の念を伝えることが被虐待体験を物語にするためには必要でしょう。

　子どもが被虐待体験を日常場面で語ることは多くあります。その場の状況に揺さぶられて語ることも、穏やかな雰囲気の中ポコッと浮かび上がるように語ることもあって、予期せぬ時に語られて聞き手がたじろがされることもあります（髙田 二〇〇七）。しかし、その時の自分の存在をかけたかのような子どもの真摯なたたずまいが感じられれば、聞かずにやり過ごすことはできません。

　林（二〇〇七b）は、筆者との私信の中で被虐待体験を子どもが話し始めた時の心得として、逃げないことをまずあげています。そして、「出てきた話について具体的なことを質問していくこと。状況を早分かりしないで質問をしていく。ただ、相手が立ち止まったらこちらも立ち止まって引くということを常に忘れないでおくことも大切で、これ以上話したくないというサインを表情や口調から見逃さない」と述べています。無理に引き出したり、混乱しているのに話させるのではなく、安全を保証し安定感を保持しながら進めることが肝要です。

さらに林は、「逃げないで関われるためには子どもの中にいいところを感じ取る感受性、平たく言えば子どもに対する信頼感を持つことが必要で、そのためには職員自身の自分への信頼感、アタッチメントの安定性が必要だろう。それを支えるのは、職員集団全体の信頼と安全の風土で、若い職員が何でも相談できる先輩職員との関係とか場が豊富にあればあるほどよい、職員同士でなんとなく群れている中で相談できたりすると良いのでは」と述べています。安定したアタッチメントスタイルであると評定する条件の一つに、心を打ち明けることができる相談相手が一人以上いて、そういう人と一年以上の関係が継続していることがありますが、関係を続けるためには、「関係の中で葛藤が生じた時にアサーティブな解決ができるかどうかが大事だろう」と林は述べています。そして、「自分の感情を感じることが制止されている子どもの場合、今何を感じているのか、どんな感じか、ということをそっとたずねることを繰り返す中で、自分の感情を言葉に出来るようになっていくことがあればいいのだろうかと思う」と述べています。これは、当然職員に関してもあてはまることでしょう。

## 2　職員はどのような援助をしているのか

次に、前述の内容にそって、生活場面で職員が行なっている支援について考えてみましょう。一対一での対応や治療技法、プログラムについてはこれまでも述べられてきましたが、日常生活の中での振る舞いや職員間の会話を心理援助の視点で捉え直すことは、あまり行なわれてこなかったように思われます。セラピストが日常生活に入る意味なども含め、いくつかの点について述べてみます。

## 1　安定した生活、施設の雰囲気、文化作り

「2・安全感の確保、環境調整について」でふれたことですが、職員の一番大事な仕事は、安定した生活が営まれるようにすることでしょう。その際に、施設の理念、方針に基づき、職員が立ち振る舞う（例えば、のんびりとした雰囲気をめざすなら緩慢な動きになるし、活動的にしたいのならきびきび動くなど）ことで、生活場面を包む雰囲気作りが行なわれます。職員集団が共通理解（言葉だけでなく空気を読み共有するといった感覚的なことも含めて）を持っていれば、振る舞いは似てきて、人が変わっても同じ様な空気が流れることになります。そして、子どもに対応する時も職員間で共通理解ができていれば、ほぼ似た感じの応答が行なわれ、子どもから見れば安定した応答的な環境になります。

このようなことを可能にするのは、会議などによる情報交換もありますが、モデルとなる職員の立ち振る舞いを他の職員達が見て学んだり、アドバイスを受けるというon the job trainingによるものでしょう。

話は逸れますが、施設の子ども達の多くが高校生になりアルバイトを始めますが、高校での適応があまりよくなくても、アルバイトは真面目に励む子どもが多いです。なぜ手を抜かないかといえば、学園職員の真面目さ、誠実さを見ているからではないでしょうか。話題にされるわけではありませんが、職員集団が伝えているものはそういうものなのでしょう。職員集団の規範、どういう大人として子どもに

応対しようとしているのか、という職業意識が生むものと考えられます。

## 2 セラピストが生活場面にいることの効用

ここで、セラピストが生活場面に入ることの意味を考えてみましょう。生活場面での子どもの様子を観察できるということはよく言われる点ですが、自らが生活場面に入っているので、支援的な生活場面の雰囲気、文化作りを主導できることもあげられます。また、子どもに対して生活場面で即時的な心理支援的な対応ができ、その対応をモデルとして、他の職員、子ども達に提示できることで、その子どもにあった対応が職員、子ども達に浸透していきます。心理職でなければできないものではありませんが、この役割を取るのに一番近い教育を受けているのは、心理職です。

## 3 子どもの情感を理解し言葉にするために

「3・応答性のある人間関係」について、職員の行なっていることを考えてみましょう。応答性が成り立つには、子どもの発するものを受け取るということが必要なのですが、そこには子どもの理解が必要になります。言葉にならない情動面での関わり、情動調律については髙田（一九九九、七章）で述べましたが、ここでは、子どもの理解、臨床像作りに焦点をあてて述べてみます。職員の抱く臨床像は、他者からの評価として、子ども達が自己の物語を作る時に意味を持ってきます。

臨床像を作るということで筆者が大切だと思っていることは、あたかもその子どもになったらと想像してみること、頭の中でその子の言動を真似るということです。筆者は、生活場面で子ども達を見ているとき、「あの子は今何がどんなふうに見えているのだろう、今話している相手がどう見えているのだろう」「今ああ言った時あの姿勢と動きでどんな感じが彼の中に湧いているのだろう」ということを想像してみることが多くありました。その子が見ている周囲を想像し、その子が味わっている感覚を想像してみることです。

職員は子どものことをいつも心のすみにおいて気を配っていて、日常場面の言動や他の職員からの申し送りなどで、個々の子どもの理解を進めています。子どもの表面的な言動に対する評価にとどまる（つまり客体化、対峙してみている）のではなく、生き生きと動く子どものイメージを作りたい。その子に成り込み（鯨岡 二〇〇二）、その子の感覚を想像し味わうことで、その子の理解がふと言葉になって出てくることもあります。子どもの様子を伝える時に子どもの真似をすることがよくありますが、自然にこういうことが行なわれているからでしょう。真似の下手の職員の話からは子どもの様子が伝わってこないことはしばしば経験されることでしょう。このような理解をもとに、子どもが言葉にできない思いを想像し言葉にし、子どもの語りを継ぎ広げる援助ができるようになります。

## 4　一貫した応答性のための臨床像の共有

筆者は、児童心理治療施設で仕事をして一番鍛えられたのは予測する力、つまり見立ての力だと思っています。行事でも部屋割りでも担当の子どもがどうなりそうか、何が起きそうか、どこに留意すればよいかを問われ発信しなければいけません。予想があたり説得力を持てば、その職員は認められるでしょう。逆に予測が下手であればクレームがつくし、その職員の評価は落ちます。ただし、予想はマイルドに行なうことや別の予想をいくつか持っていることが、視野を広げておくという意味でも、意外なことが起きた時に否認しないで対応するためにも、必要です。新たな情報を取り込みやすい大きな枠で、確率論的な予想をたてるような意識でいるとよいのではないでしょうか。そうすることで意外性が生産的な意味を産む土壌ができます。予想が外れる楽しさをもてるといい、「おや、あれ」「こうきたか」と思えるような感じで。

行動面、特に否定的な行動を防ぐことだけを予測していくと戦術的な色合い（敵対関係）が強くなりますが、その子が味わう感じにまで思いを馳せると、様相は大きく異なります。変化のチャンスとしてとらえ、よき方向を予測できると、希望が生まれ、職員もエンパワーされます。月並みですが、戦う相手はその子自身が困っている症状、問題であって、その子ではないと思っていれば、子どもと共同戦線を張る楽しみがでてきます。

また、様々なエピソードを、職員と子どもの間でその子どもの物語の一コマ（起こったこととその意味づけ）として共有することが大切です。セラピストが仮説としてエピソードに意味を与え、子どもと話し合ってそれを共有して、他の職員に伝えることが必要です。意味づけ、物語があれば、他の職員はその子どもに応答するときのニュアンスを理解でき、応答の一貫性がある程度保証されます。逆に、意味づけができていなかったり、子どもと担当職員の意味づけがずれたりしている場合は、ニュアンスがわからず動きが取れません。

ただ、「こう対応してください」と頼まれるよりは、意味があってそれをわかっているほうが動きやすいのです。子どもにとっての意味がわからない場合、とりあえずこういう物語なら皆が乗れるかというプラグマティックな面から申し送ることもあるかもしれません。よくある一般的な仮説の提示ですが、それで動いてみて訂正をしていくことで新たな子どもの理解を生むこともあります。仮説に固執することは厳に避けたい。

これまで述べてきたような子どもの理解のうえに、生活歴を頭に入れながら、イメージを膨らませることで、子どもが被虐待体験を語り出した時に、逃げずに聞けるようになるでしょう。

## 3　職員の苦悩、サポートについて

ここまでは子どもへの援助について考えてきましたが、それは、理想をめざす観点からです。ここでは理想には程遠い苦境で働く職員の現状を踏まえ、子どもをケアする職員が陥りやすい問題や職員のサポートについて考えてみます。この面が、現場臭さをまだ残していながら距離をとっている今の筆者が、書く意味があることでしょう。

## 1　職員の置かれた現状

職員の状態として考慮すべきは、一つは、子どもから受ける身体的、精神的な暴力による傷つきの蓄積、そして、劣悪な条件の中、なかなかわかりあえない子ども達に対して共感をめざす気力がわかなくなること（共感疲労）です。少なくとも自分の体験からは、燃えつき、バーンアウトなどという響きのよい言葉ではすましにくい凄まじさがあります。特に、身体的な暴力、パニック状態への対応は、薬の投与、安静室施錠、拘束といった方法を持たないで、関わりだけで何とかするように求められる福祉職の場合は、後ろ盾のない心細さ、無力感と緊張を抱えながらの対応となり、その疲労は大きいのです。うまくいかなった時のダメージはさらに大きく、それが同様の場面での対応の自信を失わせます。

そもそも、欧米の基準に比べて相当貧弱な日本の職員配置の最低基準で、欧米でも困難とされる仕事ができるはずがありません。公からの委託で社会的養護をしている以上、公の提示する条件で仕事をすればよいというのがビジネスライクな考え方ですが、そうなればほとんど放ったらかしの状態で、心のケアも何もないことになってしまいます。不利を被っているのは子どもですが、問題を起すと子どもが悪いからだと言われ、条件以上のことを望んでおきながらうまく育てられないのは職員の力量の問題というのも不当な話です。職員はその矛盾に対して、熱意、子どもへの申し訳なさ、奉仕精神などを奮い立たせ、逆に冷静さを欠き、問題の原因を自らや周囲の職員に帰して責め、さらに余裕を失ってしまいます。また、熱意の見返りを子どもに求めたくなるなど、子どもの不利を招くこともあるように思います。現状を冷静に認識し表明することで、そのような不合理な心理に陥らず、関係のこじれを少しは防ぐことができるかもしれません。

## 2 支援者の心持ち、迷い

ここで、筆者自身の感じてきた支援者の心持ち、迷いを生硬ではありますがあえて言葉にしてみましょう。抱えた苦しみを言葉で人に話せば多少は和らぐ、孤立感は薄れますが、身に浸みた言葉にならないトラウマ体験が、すべて解消されるとは思えません。そもそも、被虐待児の心を理解しようとすれば、パンドラの箱を覗くように、恐怖に満ちた世界に浸る怖さがあります。共感しようとする気力、あと一歩踏み出す勇気が必要なわけで、どこまでそれができるかで、支援者としての能力が試されるといってよいのでしょう。

敵対したり（「職員を試す」、「仲を引き裂く」、「つけこむ」といった言葉で子どもを理解した気になる時の職員の中にある心情）、治してあげる対象として見下したりしたほうが楽です。一歩進んで子どもに寄り添えば（これこそ支援と思うが）怒りのやり場もなくなります。そこでほのかな希望の灯を守り続けようとする柔らかな心情は無防備で、そのように思いを馳せた子どもからパニックであれ暴力を受ければ、そのダメージはあまりにも大きく、深く傷つきます。よき支援者ほど傷つきと疲労が強くなり、続かなくなる可能性が大きくなるということになってしまいます。

気晴らしやリフレッシュなどと言われますが、暗くもぞもぞうごめく言葉にならないものを消し飛ばそうとしてよいのでしょうか（実際は消せるものではないと思いますが）。そこを抱えることで、伝えられる言葉が生まれ、関わりの連続性が保たれるのでしょう。様々な防衛を使い感じなくすれば、そこでの人間関係は何を生むのでしょうか。そのような感情を解離した関わりは楽かもしれませんが、そのままでは困ります。ただ、職員の感情移入にはそれぞれの匙加減があるのかもしれません。いろいろな人がいることがいいということではありますが、感受性豊かな人に集中して子どもは自分の世界を開示することになります。心配よりも、生き抜いてきた子どもへの信頼を祈るように持ち続けることが必要だと思いますが、いつもできるわけではありません。

こんな迷いや半ば諦めの雰囲気の中に私はいたと思います。スタム Stamm（二〇〇三）の本のあとがきで、訳者の小西聖子が「深く鋭く共感できる敏感さと共に、状況や自分の感情を正確に分析する論理的な力、それからトラウマティックな世界観——不信や恐怖に満ちた——に直面しても、常に希望を持ち続けられるタフさのすべてがトラウマケアには要求されると思う」としながら、「疲労感と罪責感が去来する。かといって自分の経験は誰にも話せばわかってもらえることではなく、たまった仕事も進まずという状況になることがある」と述べています。やはり、このような思いは、支援者に起こりがちで、解決しにくいものなのでしょう。

## 3　援助者のサポートの必要性と難しさ

マンロー Monroe（二〇〇三）は、経験や教育が、セラピストが被る（クライアントの語るトラウマの）二次的影響を防止するということは論証されていないことを、セラピストすべてに警告しておくことが賢明であると述べています。そして、職場が安全な労働環境になるためには、二次的トラウマの否認や麻痺を乗り越える努力が必要であると指摘しています。クライエントはトラウマの影響を鋭く察知し懸念し、トラウマの話をすることをためらうなど、トラウマの危険な影響からセラピストを守ることもあると述べ、「影響を受けたセラピストがこれを認識できないとされるのが事実であれば、トラウマ・クライエントとの伝統的な一対一のサイコセラピーを行なうことが倫理的に許されるものであるかを問わなくてはなるまい。おそらく個人セラピーは、二次的反応を観察するよう訓練された、支援を目的としたチームが関わっているときのみ行なわれるべきものかもしれない」（二一四頁）と述べています。

支援者同士の支え合い、話し合いが必要と説かれながらそれが難しいのは、恥ずかしさや屈辱感のようなもの、思い出したくも表現したくもないことを語ることになるからで、きちんと聞いてもらえれば楽になるという期待は持ちたいが、伝わるように話せるか、受け取ってもらえるかという恐れをぬぐえないからでしょう。聞く側も、自分の中にある同様の、目を背けたい、意識に上らせたくない思いにふれることになるために、及び腰になります。その人の力量、資質のせいにしてしまう方が楽なので、勢い「すべき」論や理屈で収めようとすることになってしまいます。カセロール Catherall（二〇〇三）は、セラピストのピアグループの有効性を述べる一方、トラウマを負った者との共通関連性を認めないという防衛が聞く側にあり、発言者の疎外感、関係外傷を招き状態を悪化させることもあると述べています。

支援者の力量を問う傾向の元には、支援者である自分との関係が被援助者に影響を与える唯一のものであるという前提があります。セラピストは関係の質を高めることが力量とされるので、関係の中で起きる問題はセラピストの力量に帰されます。受傷による反応はもちろん関係によるものではありませんが、受傷に及ぶ関係に至った力量に帰されやすいのです。多くの論者が治療者のサポートシステム、チームによる治療が必要と指摘しながらも、一人の治療者が患者を治すという構造で発展した心理療法に馴染んだ私達は、治療者の力量で治療の成否が決まるという前提から抜けきれず、なかなか相互支援的なネットワークが作れないのでしょう。安心して話せる感覚にならないという職員の課題は、トラウマを抱える子ども達の課題と共通しています。

個人主義、競争原理に染まったわれわれは、力量があれば個人の力で何かができるという前提を持っていて、支援者も相互に依存しながら仕事をするという相互依存的な人間観になかなか立てないのでしょう。福祉は相互依存的な人間観によるもので、子育てもソーシャルネットワークつまり多くの人の協力のもとに行なうという考えを、職員は体得し、自らの営みを振り返る必要があります。

## 4　有効なサポートシステムの構築のために

マンロー（二〇〇三）がトラウマ・セラピストの倫理を考察する中で「自分や仕事の同僚が自身の防御や支援をどのようにするのかについての情報を、クライエントに知らせることができるようにすべきである」と指摘している意味は深いと思います。これまでのことを踏まえて、こうすればよいという処方ができれば論考としてまとまるのですが、残念ながら私の中に具体案は浮かんでいません。ただ、この論考の目的でもありますが、これまで述べたような、支援者が必然的に陥る苦悩を言葉にし警告する心理教育が、まずは必要だと思います

篠崎（二〇〇七）は調査研究の結果、「グループでのスーパービジョンを受けている職員、子どもの自尊心の低い理由を子ども自身の「内面的特徴」と捉えるのではなく、被虐待歴などの「過去の体験」によって自信をなくしたり自己評価が低くなっていることが原因であると捉える職員が、援助者として自信をなくし、共感疲労得点が高かった」と述べています。サンプルの少なさなどの限界はあるものの、トラウマの知識をえることや職員集団が支え合う機会となるはずのグループスパービジョンが、職員のメンタルヘルスを向上させると単純には言えないことを示しています。

意外な結果に見えますが、深く子どもを理解すれば疲労も無力感も大きくなることや職員の支え合いの難しさなどこれまで述べてきたことを考えれば、肯ける面もあります。少なくとも子どもの理解を深める学習やカンファレンスさえしていれば職員の疲弊を防げるというものではなく、個人スーパービジョンの導入などさらなる工夫が必要なのでしょう。

サポートシステムを作るためには、管理職や指導的な立場の職員をどう使うかということが鍵になると思いますが、役職にある者も疲弊しています。滝川（二〇〇七b）も指摘していますが、役職にある職員は難しいケースを担当し、職員のサポートや管理を期待され、機関同士の調整を行なうなどいくつもの役割をこなしていることが多くあります。他の職員からモデルとして見られていて、失敗は許されず弱音を吐けないと感じでしまうことも多く、サポートが欲しいのは私達だと叫びたくなることもある

でしょう。何でも屋になりがちな管理職の役割を精査し、それを踏まえてサポートチームを立ち上げていくことが必要です。既にある各施設での取り組みを持ち寄り考えていくことが、今後の児童心理治療施設の課題となるでしょう。

被虐待児達の支援が、施設の風土に包まれて行なわれていくことを考えれば、個々の職員の力量を上げるための知見を深める研究だけでなく、施設のシステムを事例と考え支援機能を高める施設運営を研究していく方向が、今後ますます必要です。

## 第4講▼子どもの施設で過ごしてきて・Ⅲ

# 新設施設にビギナーズラックを

**……新設施設に治療的文化を作るために……**

本章は、平成二七（二〇一五）年一〇月に開設した川崎こども心理ケアセンターかなでのこれまでの歩みを振り返り、施設に治療的文化を作るという視点でまとめたものです。児童心理治療施設での職務未経験者が多い職員集団による子ども達への支援の過程で、施設が治療的な生活の場となるために職員全体が共有すべきことが浮かび上がり、再確認させられました。権利の考え方、ルールとマナーなど一年間に起きてきた課題をいくつかあげ、それに関して職員と共有してきた考えを述べます。

## はじめに

この論考は、川崎こども心理ケアセンターかなでの開所後一年ほどで考えてきたことの報告です。ここ数年、児童心理治療施設の必要性が認識され、新設施設が増えています。どの新設施設も児童心理治療施設の職務経験者を何人もそろえることは難しく、手探りで施設運営を始めることになります。振り返ると被虐待児の入所が急に増え始めた二〇〇〇年以降に新設したいくつかの施設が、子どもの暴力を中心とした問題から施設崩壊に近い状況になりました。子ども達のルール違反や反抗などに対処できず、職員の指導が無力化し、ルールも無効になっていきました。施設の立て直しにあたって施設の構造化が求められ、施設が安定してきた歴史があります。新設が相次いでいる現在、再び同じ轍をふまないように開設後の施設の歩みを資料として残すことは、新設施設の運営に役立つと思います。

私は横浜いずみ学園の施設長から新設施設の施設長となりました。前施設では長い時間をかけて施設に治療的文化が作られ、それが職員に浸透し、職員は確認をしなくても自然と治療的な動きをすることが多かったし、治療的文化を外れることは少なかったと、まず気づかされました。新しい施設では児童心理治療施設での職務未経験者が多く、職員一人ひとりの治療技量に頼ることは現実的ではありません。技量が足りなくても、治療を受けに入所した子どもに治療的な努力をしなければなりません。児童心理治療施設は総合環境療法を標榜していますが、私は治療的文化を持つ場で生活することで子どもも職員も育まれる面が大きいと考えてきました（髙田 二〇〇四など）。施設を立ち上げて一年、まずは生活の場に治療的文化を作ることに腐心しようと思って過ごしてきました。

心理治療ではイニシャルケースはうまくいくことが多いと言われます。技量も経験もないが心理士の丁寧に関わろうとする熱意とナイーブさが、治療的に働くからだと考えられます。施設治療においても、多くのビギナーズラックが起きます。それが職員を力づけます。ビギナーズラックが起きやすい、つまり新人の熱意が伸びやかに子どもに伝わるような施設の環境をどう作るかを考えたいのです。

横浜いずみ学園の感覚がしみ込んでいる筆者が、ユニット制で若い新人職員が多数いてエネルギーが満ち溢れ空回りする新設施設で、「そういうことか」と思うこと、「これが大切だったんだ」と言葉にできたことなど、来年になれば忘れてしまうだろうことを書き留めておきたいと思います。

## 1 治療的文化について

報告に入る前に、生活の場に治療的文化を作るということはどういうことかを考えてみましょう。施設では、個々の職員の価値観よりも、子どもにどういう人になって欲しいか、どう育てるかという施設理念が職員に共有され、子ども達に浸透することで、生活場面の雰囲気が作られています。理念にそったある程度一貫した働きかけが子どもに行なわれることで、施設の文化ができ上がります。

例えば、高度経済成長時代には「努力して勉強すればいい大学に入れて社長になれる」という「物語」が共有されていました。「努力して他の人に勝てば幸せになれる」という「物語」を皆が共有したために、子ども達はそれにそった考えを自然と身につけて競争に邁進し、「受験戦争の激化」、「企業戦士」という現象が起き、それに疑問を持たない人も多くいました。このように文化はどういう「物語」〔求める生き方の語り（以下、「語り」と記す）〕が共有されるかで決まります（ラポパート Rappaport 一九九五）。施設の中でどういう「語り」が共有されるかで、生活の場の雰囲気が変わり、子どもに求める振る舞いもおおよそ決まってきます。

「休養がきちんと取れれば治療は進む」という「語り」が共有されれば、休める居場所の提供をめざして、居室で休んでいる子どもの邪魔をしないなどの配慮を職員が一貫して子ども達に伝えるようになります。一人でゆっくりしたい子どものために、その子の居室に他の部屋の子は入らないという約束が必要な場合もあります。休むことが後ろめたくないように、生活の空気はのんびりしたものに保つようにもなります。しかし、プライベートな空間を確保しにくい建物ではゆっくり一人になることは難しく、「語り」が共有できない場合もあります。建物の構造によっては、工夫ではどうにもならず理念の修正が必要になることもあります。

一つひとつの日常場面の設定は、子ども達にその場にあう行動、マナーを身につけることを強いています。例えば、食事をみんなが揃って始め終わるやり方は、食卓が食べることに加えて他の人との交流の場であることを強調し、周りの人を不快にさせないようにマナーを守り、団らんをする技能を身につける場となります。そのような技能を求める裏には、「食卓を囲む力は人の中で暮らしていくうえでは大切だ」という思いがあります。「独立独歩が何より大切で、他の人との関わりはさほど必要ない」という「語り」が主流になると、食卓を囲むことは意味をなさなくなります。生活の様々な場面で求めることがまとまりとなって、こんな生き方、振る舞いを大切にする大人になって欲しいという施設の思いを子どもに伝えます。

しかし、子どもの意向を考慮しようとせず、子どものニーズを無視したりないがしろにしたりすると、子どもは指導に従わなくなったり子どもの中で裏の文化ができたりして、子どもも施設も成長が滞ってしまいます。例えば、「他の人は気にせず、自分の個性やユニークさを大切にして欲しい」という思いだけを子どもに伝えようとしても、子どもの「みんなといっしょでありたい」というニーズとぶつかります。子どものニーズと職員の思いを織り合わせた「語り」を創造していくことで、子どもが自ら職員の思いを取り入れるようになり、施設の文化ができ上がっていきます。

「語り」の共有について述べてきましたが、施設が子どもに求める思いは、明文化されていないことが多いです。「こんな大人になってほしい」、「こんなふうに生きて行ってほしい」、「こんなことが生きていくのには大事」という思いをまずは的確に言語化しなければ、「語り」はきちんと職員間で共有されません。「そんなのあたり前でしょ」という感じで、何となく雰囲気で思いが伝わっているように思うことが多いですが、子どもと対峙した時に裏打ちとなる言葉がなければ、毅然として子どもへ「こうなってほしい」というメッセージを伝えられません。

以下の報告は、筆者の中でこの一年で改めて浮かび上がってきた、子どもに求めることや生き方、伝えたいことの記録になると思います。

## 2　一年間のあゆみ

当初から段階的にユニットを開く計画を立てました。入所候補児童は、児童相談所の精神科医を中心に新設施設でも対応できそうな子どもがあげられ、施設と調整会議を行ないました。また、少しずつ入所させていくことも前もって申し合わせました。

### 1　開設して——不安とルール

平成二七年一〇月開設時は、女子ユニット（七名定員を二ユニット）のみを開きました。一〇月は三名の入所から始め、年度末に七名になりました。直接処遇職員は一三名で、児童心理治療施設の職務経験者は横浜いずみ学園から三名、他施設から二名でした。六名は同年四月から採用し、横浜いずみ学園で研修を行ない他施設での見学研修も行ないました。

横浜いずみ学園は大舎制で三〇年近い歴史を持ち、職員の平均在職期間が当時一五年を超え安定していますが変化の勢いはそれほどない施設でした。その感覚にふれた職員達が横浜いずみ学園に倣い、事前に日課やルールなど話し合いました。満を持して子どもを迎えたものの細かいことで戸惑うことが頻発し、横浜いずみ学園では感覚的にすませていたことの一つひとつを言葉にして話し合うことが、頻繁に行なわれました。

新人は子どもの治療に責任を持つ不安を当然抱きます。こうすればよいというマニュアルやルールのようなものがあれば、それを守ることで不安は減ります。そして、当初予想できなかったことに出会うと、細かなことまでルール化しようとしがちになります。一律の対応をよしとする雰囲気が強くなり、それぞれの子どもの現状に向き合い考慮して個別に対応する動きが弱くなります。人の心に向き合うことは勇気のいる仕事なので、心しないと意識せずにそれを避けてしまいがちになります。治療施設としてはこれが一番問題です。

若気のいたりで子どもにのめり込むことが新人の特権なのに、その経験をしないまま過ごすことは、職員の成長にとってもったいない。人の心の現実ときちんと向き合おうという姿勢を支援者としての最初期に経験しておかなければ、後の専門家としての成長に支障が出ると私は思います。心理士の養成に関して言えば、大学院がそれを大切にしているか疑問を抱かざるをえないことが多いです。「この子はどう感じているか、どうしたいのか」、「この子にとって……」という問いかけは何より大切です。

（1）「治療のために決めごとを踏み外すことがある」――閉塞状態に穴をあけるちょんぼ

食の問題で入所した子どもの食事量が減ってきました。子ども達には、半分は食べるように、おかわりは全部食べてからということが伝えられていましたが、彼女は自分なりに調整し食べるものと量を決めていました。食べなければいけないが食べられないと葛藤する姿は傍から見ても辛く、食べられるものだけでもいっぱい食べて欲しいという思いは当然ありました。居室で食べるようにすれば他の子どもと一律に指導しなくてもよいのですが、本人は一人で食べる時の「食べなきゃいけないけど食べたくない、食べた後が怖い」という辛さに浸りたくないから食堂で食べたいと言っていました。職員には、半分食べるように促すこともその葛藤を意識させることになるので控えようと確認していましたが、好き嫌いを言う他の子どもの手前難しいという意見もありました。居室で食べるようにすれば結局食べる恐怖に負けて食事を捨てるようになることも考えられ、食堂で食べることを会議で決めました。食事に手を付けられない様子と体重の減少に、職員も周りの子どもも気をもんでいました。私は「こういう子どもの治療は難しい。チャレンジなんだ。危なくなれば病院に任せればいい」と言っていました。

そんなある日、本来取っておかないはずの残りものの果物をその子が偶然見つけ、食べたいと言い出しました。食べさせることはできないことになっていましたが、ベテラン職員が「全部食べたらね」と言ってしまいます。完全なちょんぼ。結局この子は完食して果物も食べました。重苦しい閉塞した食卓の雰囲気が少しはじけた瞬間だったと思います。翌日の申し送りでこれを聞いた時に、私はにんまりしました。「このことが治療的によかったか今はわからないけれど、少なくとも心配している周りの子ども達にはよかったと思う」と伝えました。

自信もなく正解も見えずどうしていいかわからないが、それぞれの職員が子どもに心を配り迷い悩む。みんながその子どもを大切に考えることで温かなもぞもぞした空気ができ、そこに浸ることで子どものこだわりが溶ける？　と思いたいのです。

マニュアルやルールにそって動こうとすると、もぞもぞした心の動きとそれに伴う人肌の温かみが感じにくくなります。ほどよい迷いや悩みが心を柔らかくし、自分の心も周りの人の心も大切にする空気を作ります。これが治療的な環境でしょう。経験を積み重ねると戸惑いを軽く流し謙虚さを失った専門家かぶれになる恐れが出てきます。ビギナーの時代に周りに支えられながら苦悶する経験は大きいのです。

その後、この子は食べたい気持ちに自然と身を任せられるようになり、ちょんぼから半年、体重も増え食へのこだわりはかなり軽減しています。

## 2　小規模ユニットの戸惑い

入所の子どもが五人くらいの時は、二つのユニット間の壁を閉じて小さなユニットにしていました（壁を開ければ一四人定員のブロックにできます）。子ども達はいつも周りの目や関わりが気になり、自分自身のことにじっくりとは目が向かないようでした。大舎の方が何となく人の中に埋もれられ、人ごみの中の孤独のように自分に目を向けることができたように思えました。また、子どもの数が少なく、お互い気にかけているからかもしれませんが、それぞれの人の心の動きが際立つ感じがします。そして、気になるとその人から離れられません。それぞれが個室であるのに部屋に戻れません。個室で一人で過ごせることが必要と痛感します。部屋に籠らないようにとゲーム機器の持ち込みを禁止していますが、ゲームでもないと周りの子どもの様子が気になってリビングから離れられないような雰囲気になっていました。一人になる力のない子どもには、一人でいられる力をつけることが大切、一人でいることが許される雰囲気を作ることを話し合いました。

（1）「恐怖は伝染する。怖くなってあたり前」――夕暮れ時のフラッシュバック、その連鎖

ある日の逢魔《おうま》が時《とき》（夕暮れ）、昔が思い出されることが嫌でハイテンションに乗り切ろうとするA。そのテンションに乗っかってハイテンションになるB。職員に落ち着くように言われてAは居室に入るが、Bはリビングに留まっていました。Cが「部屋いかないの」とBにきつい一言。それに反応してBは「家にいた時の感じになった」と居室で荒れ、その音が鳴り響きます。それを心配そうに見ていた年少児D、その夜、入所して初めておねしょをしました。職員との距離も近いからか、子ども達はフラッシュバックが起こることを職員に訴えていました。Dは二晩続けて居室に何かがいる気がすると言っていました。

早速、トラウマの心理教育を職員に行ないました。コーエン Cohen 他（二〇一五）の資料（一一三〜一二四頁）を使いましたが、特に、「フラッシュバックが起きているときは怖い体験をしている。はたからどう見えようと本人は怖いんだ。コントロールができない状態で怖いんだ」と強く認識すること。聞かせてもらった職員も怖くなるのが当然で、怖い気持ちを小賢しくごまかしてしまうと、子どもが「この人はこの怖さを受け取れない。この人に話すとこの人は困ってしまうから話せない」と感じてしまいます。

折角、助けを求めて口にしたのに、子どもはまた、さらに孤独に苦しむことになってしまいます。

「聞かせてもらって私も怖く感じたよ。私は周りの職員に話して支えてもらえるから大丈夫だよ」と伝えることが大切と強調しました。そして、「トラウマに慣れることはない、むしろ敏感になる。研修によって怖さが薄れるようになるわけではないというデータがある。怖くなることはあたり前で職員として未熟だからではない」ということも加えました。

### (2)「一人で過ごす力は大切」——身を寄せ合う姿

子どもは暴力的な場面を見ると、暴力を受けたときの雰囲気が体によみがえり、不穏な状態になってしまいます。ユニット中にその雰囲気が一気に広がります。狭い閉鎖空間だからこそでしょう。かなでのユニットは死角が少ないL字型で、すれ違う時に気を遣わないくらい広い廊下で、物も置いていないすっきりした空間です。そのためか、音がよく反響します。それがあだとなっています。

横浜いずみ学園では誰かが暴れていても、広い食堂の中で平静を保って知らん顔をする一群の子ども達がいました。また、不穏な場面を避け自室に戻っていく子どもが多かった。しかし、かなででは、職員が居室に戻るように促しても子ども達は毅然と断ります。リビングで暴れる子どもがいても、結局は誰も居室には戻らず、身を寄せ合うかのようにリビングに留まっていました。個室では余計怖くなってしまうようで、怖さをなだめられる空間にはなっていないようでした。

子どもが暴力的な場面から離れられなくなると、二次災害が起きやすいです。その場に安心感を醸し出す職員が必要になりますが、新任の職員ではそれは難しい。何人かの職員が入ることで何とかすることが当初は大事でしょう。「ほかの子どものことは職員に任せておけば安心」、「職員がいれば大丈夫」、「みんなから離れて一人で過ごしても居場所はなくならない」と子どもが思ってくれるには、時間がかかります。最近ようやく徐々に自室にいられるようになってきました。

### 3 「ルールでなくマナーを」――みんなが心地よく過ごす場所

四月に入って、男子ユニット（七名定員のユニットが二ユニット）を開き、分教室が開設し学校が始まりました。四月中に男子六人、女子九人となりました。四月から一一名（児童心理治療施設の職務経験者はいない）を増員し二四名の直接処遇職員となりました。二つのユニット間の壁を外し一つのブロックになりました。広めのリビングを挟んで左右に居室が並ぶ形となりました。リビングの真ん中に座ると筆者には懐かしい風景が広がっていました。子どもの数が増えると一人ひとりに気を遣い合うことはできません。トラブルも増えてきました。

#### (1)「みんなが楽しめるように」――狭い園庭だからこそ鍛えられる

かなでの園庭は狭いです。昔私達が遊んだ住宅街の空き地ほどです。ここでうまく遊ぶには、みんなが楽しく過ごせるような遊び方の工夫や動き、加減などが必要です。三角ベースや手打ち野球、スリーオンスリーやフットサルもそんな環境でできてきたのでしょう。うまくみんなと遊べるようになれば、遊びの工夫ができるようになれば、治療は終了と言える程難しい課題だと思います。だからこそ職員が指導しながらそこをめざしたい。筆者の子どもの頃を思い返せば、バットを思いっきり振る、思いっきり蹴るなんて空き地ではできませんでした。大人は「子どもが、思いっきり体を動かせないのは可哀想」と考えますが、基本的に路地遊びで子どもは鍛えられてきたのでしょう。

遊んでみると当然のことながらもめ事が起きます。力任せにボールを投げる子ども、小さい子相手に本気になり小さい子のできなさをののしる子ども。コントロールの悪い子はいらいらし、小さい子は職員に自分の思うように遊んでもらおうとせがむ。周りに気をかける子どもは少なく、てんでに思い通りにしようとするので、勢いよくボールが飛んできたりして危ない。「硬いボールはダメ」、「サッカーでは思いっきり蹴らない」などルールを作る方向で子どもを遊ばせようとしますが、そんな加減のできない子どもが多く、余計イライラして力任せになってしまいます。

会議の中で、園庭は思いっきり体を動かす所ではなく、「みんなで楽しく遊ぶ場所」ということを確認しました。細かなルールではなく、「みんなが楽しむためにはどう工夫するか」ということを子どもに伝えるようにしました。他の子どもがいても加減なくボールを蹴ってしまうような子どもは園庭で遊ぶことは控えることになりましたが、それをその子どもの課題として捉えるようにしました。

（2）「迷惑をかけるならみんなとはいられない」——職員が子どもに向かう覚悟

女子ユニットで小学生がうるさいという中学生の苦情が始まります。度重なる注意に意固地になる小学生に対して、職員が「そこから離れなさい」、「自室に戻りなさい」と指示しますが、拒む子どもが出てきました。それに対してうまく対応できず、子どもが指示を聞き流し、文句を言いながら思うままに過ごすことを許すはめになってきました。

すぐにパニックを起こしてしまう子どもには、パニックを起こさないようにと身構えてしまいます。新卒の職員はこれまで子どもを強く指導したことがありません。「言えばわかってくれるのでは」と期待し、自分を強く押し出すことに尻込みをしているように見えます。話してわかってもらいたいという姿勢が、お伺いを立てるような感じになっているのが気になりました。まどろっこしい説明だったり、子どもの言動の悪い点をストレートに指摘できなかったり、「このままだとこうしなければいけなくなる」というような自分は本当はしたくないんだけどという言い訳が滲む話し方になっていました。言葉が上滑っていたり、自分の思いが込められていなかったりすると、子どもはとりあえず聞いておくか、うっとうしがるかでしょう。

「正論を言えば子どもはわかってくれる」というのでは治療施設としてはさびしい。理屈で子どもの言動の非を説明しようとしがちですが、原因結果がはっきりしていたり理屈で説明しきれることはむしろ少ないのです。言葉にならないものを含んでそこを確かめながら話すことで、子どもは自分のことをより考えようとするのですが、これはそう簡単にはできません。とは言え、正解を見つけさせるような話の持っていき方では、子どもの心から離れることになるように思います。そんな感想を時々漏らしていました。言葉による職員の「説得」に乗ってしまう子どもの弱さにも目を向けたほうがいいと思います。

先ほど述べた部屋に戻らない子ども達には、「他の子どもに迷惑なのだから、部屋に入るように指示、動かなければ職員が連れて行く。男性職員にも来てもらう」という対応をとることにしました。その子どもと職員の関係ではなく、共同生活を送るうえで、他の子どもに迷惑をかけないことを優先するということです。路地遊びでもそうですが、他人に迷惑をかけてまで自己主張してよいわけがありません。基本的人権はすべての人が享受できるものですから、他の人の安心安全などを侵したり権利を侵害したりするものは権利とは考えられません。このような世の中の原則を背景に子どもに対峙することで、子どもは職員との関係を超えた社会を感じて態度が変わります。実際、懸念していた程のこともなく子どもも観念したようでした。

## 4　子どもを協力者にしようとする危険

子ども集団の治癒力は大きいと私はよく言いいます。外れそうな子どもを周りの子どもが迷惑と感じながらも許容したり支え合う動きが自然と出てくることを治癒力と考えています。一方、子どもの中にリーダーを作り、職員の意向をその子を通して浸透させようとすることが学校などで行なわれていましたが、これには危険があると考えます。大人の期待につぶされた経験のある子どもも多くいます。

（1）「役に立ちたい思いは重荷にもなる」——下の子のモデルになるようにという指導

同じ担当の子ども達は疑似兄弟のようになりがちです。年下の者のモデルになってねという指導が、年上の者にとっては誇らしく職員の期待にそって評価されたいという気持ちをくすぐります。児童自立支援施設では指導役の子どもが新入の子どもの面倒を見るという文化がありますが、児童心理治療施設ではどうでしょうか。個々の子どもの歩みを大切にする文化では、指導役をすることはかなりの技量が必要になります。そんな力のある子どもは入所してこないと考えたほうがよいのではないでしょうか。期待に応えようとするあまり強圧的な指導役になったり、逆に期待に応えられないことに捨て鉢になったりというリスクが高いのです。指導役の子どもも自分自身の歩みを乱されるということになります。子どもを動かそうとする時には、職員は思いを振り返るべきです。何かから逃げていないでしょうか。

(2)「職員との関係があって自分に目を向ける」

一人になれずに周りが常に気になるようでは、自分の思いをじっくり見つめることがおろそかになります。周りの子どもの様子に揺さぶられずに、落ち着いて自分の心に向き合うには、まずは、職員との関係の中で安心して自分に向き合う経験が必要でしょう。ふらふら揺れる風船のような子どもに職員が重しとなってぶら下がることで、子どもの揺れが少なくなるイメージです。幸い若手職員の熱意は子どもとの関係を強くし、重しになりうるように思えます。重しがふらふらしないように、「目の前の子どもの心を大切にする」ことを常に心がけることが必要です。

周りの職員や関係者の目を気にしすぎることなく子どもを直視することは、あたり前だがかなり難しい。小規模グループケアなど子どもの集団が小さい場合は特に他児の様子に影響されるので、職員との関係が弱いと治療は難しくなると思います。

## 5　学校の文化

四月に分教室が開かれ登校が始まりました。先生方は熱心で、子ども達も先生方の期待にそおうという意欲に満ちていました。先生方はどんな難しい子ども達かという不安、子ども達もどんな先生なのかという不安を持ち、その不安を打ち消すかのように明るく元気に「ほめれば伸びる」、「頑張ればできる」という様子が強くありました。横浜いずみ学園の設立当初に感じた学校に対する戸惑いを思い出しました。学校文化は福祉の文化とも治療的文化とも異なります。学校文化に対する違和感は治療的文化を再確認させてくれます。本論の最後に、学校文化を鏡に施設の「語り」を示してみましょう。

いつもいつも前向きで休むことを知らない姿は、批判しにくい立派な姿ですが疲れます。疲れると言いにくい雰囲気が夏前までは醸し出されていました。地元の学校でうまくいかなかった子ども達にとって、分教室は手厚い支援によって生徒らしい学校生活を送れそうなところです。子ども達は張り切っている自分が誇らしげな様子でした。若干ハイテンションで期待に応えていましたが、夏休み前には体調不良を訴える子がではじめ、疲れを表すようになってきました。自由参加の夏休みの補習に行かないと決めた子どももいました。そういう子どもが肩身の狭い思いをしないようにしたいのです。

「やればやるほど成績が上がる」と、当然のように説く学校に、「人のエネルギーにはそれぞれに限界があって、休むことや立ち止まること、力を抜くことを覚えることが大切」という施設側の「語り」が浸透していくには時間がかかります。「正確に早く教えられたようにすることが大切」という「語り」に対して「じっくりと悩みもがく力をつけることが大切」、「失敗しないことよりも、失敗して立ち直る力をつけることが大切」という「語り」も、学校には受け入れ難そうです。

また、先に先にと急かすように見える学校の動きに、施設側が反発することはよく起きます。夏休みを終え進路の問題が近づいてくると、学校が子どもに進路決定を焦らせるように見えることもありました。将来の希望を抱くこともできなかった子ども達が、高校に一人で通わなければならないのだから、戸惑いや逡巡は大きくて当然です。進路の迷いがない様子ならば、現実を見つめられていないと考えたほうが妥当であるとさえ思います。先を決めることの不安や怖れ、未来の自分を思い描くと共に浮かび上がる過去の自分への複雑な気持ちなどに、じっくりと向き合えるように支援することこそが治療的です。すっきりと決めきれず未練を抱えることも成長には大切な経験ですが、そんな考えは学校には伝わり難いように感じます。

このように学校に対する違和感を持って先生方と話し合うのですが、ややもすれば先生方個人の考え方として当の先生を批判したくなってしまいます。学校文化の中で共有された「語り」の表れと捉え、それぞれの組織の風土の違いをまず認識する必要があります。学校文化と治療的文化が織り合わされて、その施設独自の治療的な「語り」が共有されることで、治療教育が生まれるのでしょう。

## 3　おわりに

どのような「語り」が施設の中に共有されていくことが治療的文化を作ることになるのか、かなでの日々の中で再確認する一年でした。「一人ひとりの心を大切にする」「みんなが楽しめる時間」などはしごくあたり前なことですが、きちんと浸透させることは難しいのです。「一番もろい子どもがいられる施設」というのもそうです。若い職員達がそこを中心に据えることで、ブレのない存在になってくれればと思います。

若さの特権は大きく、ほとばしるバイタリティーが子どもを動かしてしまいます。だからこそ丁寧に接して欲しいのです。うまくなくてよいから子どもの思いに大切にふれようとすることができているか、自分の思いや周りの思惑に子どもを乗せていないか内省して欲しいです。

つらつらと綴ってきたことが、治療的文化を作っていくのに役に立っていれば、若手職員の成長に資するものであれば幸いです。

# 生活場面における心理発達支援の観点■その1

## ……現場に役に立つ子どもの心を語る言葉の共有をめざして……

### はじめに

児童心理治療施設では、総合環境療法を謳い治療的な生活指導、心理士の生活場面での子どもの支援等が語られています。しかし、その語りは未だ抽象的な面が強く、具体的に子どもにどう接するかの指針からは遠いものであるように思います。

治療には見立て（アセスメントと、それに基づいた治療方針）が必要です。症状や問題とされること、生活の様子、生育歴や検査結果等から、まずは知的障がいや発達障がいなど生得的な側面、そして、統合失調症など精神疾患の素因を査定します。この側面は変化しにくいため、状態にあわせて環境を整え、関わり方の工夫が必要になります。そのうえで、トラウマの影響など心因性の問題、対人関係上、心理発達上の問題などを査定し、子どものニーズをもとに治療目標を立て、治療的、発達促進的な関わりを工夫します。しかし、見立てが、起きたことを説明できても（「虐待を受けてきたから……」など）、目の前の子どもをどう理解しどう関わるかという具体的な方針を示せていないことがないでしょうか。

支援の基本はニーズに応えることなので、ニーズが見えないと具体的な方針が立てにくいです。しかし、子どもが言葉でニーズを伝えてくることは少ないため、職員は目の前の子どもの様子からニーズを推測しようとしますが、言葉にならず暗中模索することが多いと思います。そこで、生活の様々な場面や職員との関わりから、子どものニーズを推測し、見立てに生かし、よりよい関わりの指針を導けるような資料を作れないかと考えました。

なお、本論考では心理発達上のニーズに焦点をあてるため、生来的な能力や素因など人間関係では変わり難い側面ではなく、人との関係で育っていく側面への支援について述べることになります。

## 1　生活場面における心理発達支援のための表

子どもは、生活の中で発達の課題に取り組み成長していきます。その道筋を描いた代表的なものにエリクソン Erikson（一九七七）は、身体の成長に伴いできることが増え、養育者から近隣、学校、社会へと関わりを広げていく過程で取り組む課題を、発達段階に分け「基本的信頼対基本的不信」というような対概念で示しました。そして、他者とのよい経験を通して課題に取り組む過程で獲得する「生きる力」を示しました（例えば、養育者が自分の求めに応じてくれる時に感じる基本的信頼と応じてくれないときに感じる不信の間を揺れ動く過程で、「希望を持つ力」を身につけます）。

エリクソン（一九七七）は、遊戯療法の中で自発的に子どもが行う遊びの中から、子どもがその時に取り組んでいる発達課題を読み解きました。同様に、生活の中で子どもが繰り広げる人との関わりや遊びの中にも、その時の成長の課題が垣間見えると考えます。エリクソン（一九八九）は生涯発達の過程で重要な八つの課題を表しましたが、それぞれの課題は発達段階によって形を変えながら一生続きます。階段のように順に乗り越え、過去の課題には戻らないというものではなく、複数の段階の課題に並列的に取り組むこともあります。困難にぶつかると、以前の発達段階の課題に立ち戻り、その課題からえる力を支えにして、現在の課題に立ち向かうこともあります（安心感の持てない子どもは、基本的信頼の段階に戻り、求めに応じて欲しいというニーズを満たし、職員が自分を大切してくれるという希望を強くして、現在の課題に向かいます）。たとえ中学生であっても、求めに応じて欲しいという乳児期のニーズが満たされるか否かを確かめることもあります。そのようにして、いわゆる「育ち直し」がなされます。

そこで、エリクソンの発達段階を基に、発達課題（子どものニーズとして表れる）と関連する他者との関わり等を表にしました。まず、発達段階と「子どもがえる力」、取り組む発達の「ニーズ」をあげました（安全な居場所が欲しいというニーズは、基本的信頼 vs 基本的不信の段階に関連するもので、世話を受ける場面でその課題に取り組みます。役に立つ自分になりたいというニーズは、自主性vs罪の段階で、お手伝いなどを通してその課題に取り組ます）。その下段に、そのニーズを持っている子どもの周囲への関わり方、関わっている大人の側に湧き上がりがちな感じ、大人のうまい関わり、まずい関わりを示し、最下段に、ニーズが満たされない時の子どもの振る舞いを記しました。

例えば、虐待を受けて育ち、大切してもらえると思いたいが思えない子どもは、施設の生活に慣れない間は、職員に対しても何かされるのではという恐れが強いです。ここでは自分は脅かされることなく安全なのか、職員は求めに応じてくれ頼りになるのかということを確かめる必要があります。これは、基本的信頼の段階の課題です。この段階でめざすのは、子どもが、施設での暮らしが自分の為になると感じ、将来に希望を持てるようになること、警戒心を解いて職員と和み、のんびりする時間を持てるようになることです。そのためには、子どもの求めに応じて職員が世話をし、子どもが世話を受けて気持ちが緩む、嬉しく感じる経験を積む必要があります。しかし、子どもの一途に求める様子から引きずり込まれるような感じがして、放っておいたり、子どもの求めから身をずらしたり、求めることを読み間違えることが起きます。すると、子どもはもどかしくなりむずかったり、拗ねて世話されることをはねのけたり、過去に無視された寂しさを思い出し閉じこもったりします。

表（表a）の使い方としては、子どもが世話をはねのけている時は、表の同じ列（「求めに応じて欲しい」というニーズの列）を見て、子どもが安心できず怖い思いをしていると推測します。そして、あやすように世話をする中で、和みゆったりした感覚を味わえるように関わるという方針を考えます。二番目の段階に見られるしがみつきが目立っていても、安心感が乏しく不眠等がある場合があります。この場合も安心感を獲得できる関わりが必要と考えます。

職員が味わう感じを丁寧に探り、子どものニーズを推測することで、子どもに向かいやすくなればよいと思います。表の同じ列をたどれば、子どものまずい行動からニーズを推測することもできますし、職員の抱く感じや陥っているまずい行為から子どものニーズとうまい関わり方を探ることもできます。

## 2　エリクソンの描いた発達の素描

エリクソンの描く心理発達がイメージできると表aを理解しやすいので、簡単に紹介します。

### ❶　ここが安全で、ここの人は求めれば答えてくれると感じたい。希望がもてるように（乳児期）

乳児は、養育者の世話を受けなければ生きていけません。世話がないと、空腹や寒さ、おしめが濡れているといった外の刺激だけでなく、不快感に圧倒されて内側から壊れるような感覚にもなってしまいます。心地よくほっとできる経験が乳児の求めるもので、それには養育者が乳児の求めること（おっぱいが欲しいのか、おしめを替えて欲しいのか、服を替えて欲しいのかなど）を的確に推測して世話をすることや、抱っこなどで不快感をなだめる必要があります。乳児が、ごくごくとおっぱいを飲んだり、おとなしくおしめを替えさせ嬉しそうな顔を向けてくれることが、養育者を喜ばせ乳児へのいとおしさを膨らませます。このようなやり取りが繰り返され、養育者との関係が深まっていきます。

乳児の求めは一途で必死なので、養育者は世話をせざるをえない感覚になります。この湧き上がる感覚が心地よく親となった喜びを感じる人が多いのです。しかし、自分を変えられるような感覚に違和感や怖さを抱き、乳児が疎ましくなる人もいます。

施設が安全だと思えない子どもは、この段階の課題をその年齢なりのやり方で行ないます。大人への不信が注目されることが多いのですが、子どもの中には、自分の内から湧きあがる情動にひどく脅かされ、どうにもできず、まるで自分でいることに安心できない子どもがいます。「ガサガサするね」、「ぞわぞわして落ち着かないね」など、湧きあがる感覚を言葉にしてあげながら、眠れるか、具合の悪いところはないかという身体の感覚を思いやる手当てが必要になります。

統合失調症の発病を危惧されるなど精神的にかなり脆い子どもや、性的虐待などで、それまで生きてきた世界を根底から壊されるほど傷けられた子どもは、些細な刺激に誘発されて起こる感覚に翻弄されやすく、恐慌状態に陥ることもあります。クールダウンのための部屋を使ったり、薬物の力を借りて、なんとか落ち着けるようにする必要がある場合もあります。それでも安心できない場合は、入院治療が必要になることもあります。

### ❷ 求めるものがなくならないようにして欲しい（歯が生え始めてから〈一歳前〉）

この段階は、エリクソンの段階にはありませんが、歯が生え噛みつけるようになる段階です。おっぱいを離したくないという思いが行動として表現できるようになり、力を発揮し始める時期です。しかし、母親は噛まれると痛いので引き離そうとします。乳児のしがみつきに、自分ががんじがらめにされるような怖さや怒りを覚えることもあります。養育者の意思と子どもの意思がぶつかる場面です。なだめて子どもが口を開けるようにするのがよいのですが、余裕がなければ、無理やり離すことになり、子どもにとっては欲しいものが取り上げられる体験となります。この体験は、満足をえられる前に奪われるという不安を子どもに抱かせます。入所児のしがみつくような言動もその不安からの動きととらえられます。満足できなければ見捨てられたという思いになることも多いのです。

### ❸ 思い通りに身体を動かしたい。それを認めて欲しい。意志を持てるように（一歳半から三歳頃）

歩けるようになり、行動範囲が急に広がる時期の課題です。なんでも口にしたり、危険なところに行こうとするため、養育者から制止されることも増えます。思うように身体を動かしたい、こうしたいという意志が表現され、養育者の思いとぶつかります。第一次反抗期と呼ばれる時期です。この時期にトイレットトレーニングなどのしつけが始まります。思い通りに体を動かしたいという課題に加え、養育者を喜ばせるように動く、制止されないようにするという社会との関わりが始まります。思うように動けて嬉しいし、周りも喜んでくれて誇らしいから、さらに周囲が喜ぶように動こうとするという相互関係が大切な時期です。

思うように動けるので、こう行動すればこうなるという因果関係を理解できるようになります。それと共に見通しを立てられるようになり、初めての場面でもどうすればよいかが大体わかり、何とかなるという楽観的な思いを抱いて、活動の領域を広げていくという一連の課題があります。探索行動のメカニズムを描く愛着理論はこの時期を描く理論です。

しつけとは言え、教え込む対応は適当ではありません。本人がやる気になればできることを選択させながら、望ましい方向に導くことが大切で、できたという喜びを共有するような関わりが大切です。手に負えなくなるのではという恐れを抱きがちですが、押しつけるようなしつけは子どもの意志をくじき大人への反発を強めます。大人も意地になり、子どもを思い通りにしようとして関係が悪化します。

この課題を抱える入所児は多いです。施設がある程度安全だと感じ活動の幅を広げていく段階で、この課題が表れます。思い通りに動けるか、見通したようになるかという不安があり、そのことを確かめようとするので、身勝手で職員の言うことを聞き入れない態度に見えることもあります。決まりや公平性にこだわるのも見通しを立てることに必死だからです。思うようにできるかが課題なので、できなさを強調すれば不安になり、確認やこだわりが強くなることがあります。

一方、周囲の承認を求めるため、大人の顔色を窺うことが増えます。ルールに強くこだわり、他の子のルール違反に厳しくなることもあります。そのような様子の子どもは、確かな見通しが欲しいというニーズが強くなっていると考えた方がよいです。

この時期は、施設の子ども集団や様々なプログラムに参入しようという探索心が強くなります。探索には、探索に伴う不安を癒すための安全基地が必要になります。一般には特定の養育者に近寄り安心感を取り戻すとされていますが、施設では当該の職員がいない場合があります。ベッドなどにこもって安心を取り戻すことが多いです。巣作りのようにベッド周りを設える子どもは多いのですが、この行為は大切にした方がいいと思います。子ども集団に安全基地を求めるようになると、「みんなといっしょ」というニーズが強くなります。共同生活の特徴で、子ども集団の中に居場所を作ることが課題になります。そして、探索心が湧いてくると、将来に目が向きはじめ、こんなふうになりたいという治療動機が確かになってきます。困難に出会うたびにこの課題が現れることが多いと思います。

心の内を探索することもしばしば怖いことで、安心感を取り戻す存在がないと難しいものです。心理治療には、治療者との関係が不可欠な所以です。

## ❹ ○○になりたいという思いに、のって欲しい。目標を持てるように（幼稚園時代）

思うように動けて、周囲の期待にそえるようになると、周囲を喜ばせる思いが発展し、社会の役に立ちたいという思いも芽生えます。ヒーローに憧れたり、将来なりたい職業を思い描くようになります。ごっこ遊びができるようになり、遊びや空想の中で様々な役を演じ、大きくなった自分を思い描くようになります。この段階の目標は、将来、社会の中で活躍する自分、なりたい自分を描くことです。

夢を育てるように付き合うことが大切で、うまくかみあうと、意志と力がみなぎる充実した姿を子どもが見せてくれます。この舞い上がるような感じについていけず、庇護が必要な子どものままいて欲しいと感じ、子どもの思いをくじくと、子どもがいじけたり、小さな大人のようになったりします。自由に夢を思い描く遊びの感覚が、後の段階の大きな力となることを銘記すべきです。

## ❺　技能を身につけたい。導いて欲しい。これならできるという有能感を持てるように（学童期）

社会に役に立つ将来の自分を自由に思い描けるようになると次に、現実に役立つ技能を身につける段階に入ります。ごっこではなく、実際的な手本を求めるようになります。学童期の段階で、学校がこの発達段階に関わる主な舞台です。施設に慣れてくると自然とお手伝いをしたがったり、遊戯療法の中でキャッチボールなど何かを練習するような活動が表れるのはこの段階のニーズからです。心理療法では、このような動きは重要視されませんが、子どもの育ちには欠かせない面です。

❸の段階では、思うように動けるという子ども自身の感覚が大切でしたが、この段階ではできているという周囲からの評価が重要になります。周囲の子どもと比較してできているかを判断するため、競争心が煽られたり、劣等感に苛まれたりします。大人の側も、伸びていく子どもの姿に眩しさを感じる反面、大人自身の能力を問われ追われるような感じが湧いて過度に干渉したり、駄目出しをしたくなることも起きます。子どもにやる気（❹の段階の力）が乏しく、させられている状況で、外からの評価だけにとらわれると、不安が強くなり強迫的と言えるくらいに成績や手順にこだわるようにもなります。

入所児は年齢的には、この時期の課題に取り組んでいますが、自発的に学習に向かえないなどの困難を抱えている場合が多いです。この課題と共に、❶から❹の段階の課題が浮き彫りになります。

エリクソンは強調していませんが、学校が舞台となるこの時期には「みんなといっしょ」という感覚を子どもは強く求めるようになります。入所児は多かれ少なかれみな「普通になりたい」と思っています。みんなと同じにできる、役に立っているという思いが育つように、子ども集団に居場所を作る支援が大切です。共同生活における発達支援に関しては、集団の中の居場所づくりと各段階の課題の関連を考えていくことも必要でしょう。

### ❻ 自分を失いたくない、自分らしく社会に役立つ人になりたい（思春期、青年期）

アイデンティティの確立という課題で、思春期から青年期まで続く段階です。大人の身体に変化し、抽象的な思考も可能になって、子どものままでは居られなくなった子ども達は、将来どうやって生きていくのか、何ができるのかと不安になります。あたり前のように高校、大学と進む子ども達とは違い施設の子ども達は、進路の問題を中学の頃から真剣に考えなければならず、この課題を突き付けられます。これまで育ててきた力で（希望を持ち、強い意志で、目標に向かい、有能感を持って）社会に居場所を作る課題ですから、それまでの育ちの総決算となります。❶の段階の課題に改めて取り組まざるをえない子どももいます。

この時期の子どもは、生きていくモデルを求めます。自分を裏切らない姿勢があるかを突き付けるので大人としてはつらいです。誠実さが求められます。

エリクソンの理論は、どのような場面でも一貫した「自分」という感覚を想定していますが、現在の日本でそれほど一貫した「自分」が求められているでしょうか。場面にあわせたり、時に周囲に流されることが処世術とされるような文化があります。また、自閉症スペクトラムの人が「自分」という抽象的な感覚を持ち難いこともあります。独自な個の確立を前提とする近代西洋自我観の見直しも今後の課題です。

## 3　表aをより役立つものにするために

これまで述べてきたような発達の道筋を念頭に表を利用することで、目の前の子どもの課題になっているニーズを推測し、それに応える関わりのヒントがえられると思います。そして、問題に対処する、指導するという関係ではなく、子どもの課題に共に取り組む横並びの関係を作れるとよいと思います。また、表に示した日常語で子どものことを考え議論できるようになるとよいです。最後に、表aを使う時の留意点、利用しやすくするための課題をあげます。

### ❶　この表に縛られないように

この表aは、発達を大雑把に描いているもので、この枠組みにこだわると、窮屈で、大事な部分を削いでしまう感じが筆者自身もしています。ヒントに過ぎないと考えてください。

## ❷ エリクソンの理論が現状にあうとは限らない

エリクソンの理論に縛られずに、改変することが必要です。前述したように、「みんなといっしょ、普通になりたい」ニーズや、アイデンティティの問題など、考えを深める面があります。また、表に示した以外の大切なニーズもあるでしょう。

## ❸ しっくりくる言葉に置き換えて欲しい

使って勝手がよいように変えてください。各施設に施設の中だけで通用する子どもを表す言葉があると思いますが、そのような言葉に置き換えてもらうとよいです。話し合いが盛んになり、施設の支援を語りあうための言葉が生まれてくるといいと思います。特に大人が関わる時に感じるものについては、コンサルテーションなどで吟味を深めて、その結果を表に反映させてください。

# 4 おわりに

子どもの心を理解するために、「共感」など感じることが重視されているように思いますが、感じたものを共有するためには、言葉が必要です。理論的、抽象的な言葉は説明には便利ですが、具体的なイメージをその言葉で共有することは難しい。精神分析の用語などは、長期間の訓練の中で共有されていくもので、誰でも使えるものとは言えません。今回示した表aが、心を語り、イメージを共有する言葉を探る刺激となればよいと思います。

謝辞

近藤邦夫東京大学名誉教授から深いご示唆をいただきました。また、子どもとの関わりでえた同僚の実感も参考にしました。感謝の意を表します。

# 第6講▼子どもの生きる力へのまなざし・Ⅱ

# 生活場面における心理発達支援の観点■その2

## ……乳幼児期の心理発達とそれに必要な養育者の関わり……

## はじめに

以前、エリクソンの心理発達理論をもとに子どもの発達段階とニーズを示し、それに対する上手な関わり、まずい関わり等を表にしました（5章）。その後、現施設の立ち上げに携わり、開設して四年がたちました。その間、新卒の職員達と子どもについて話し合う中で、職員が子どもの発達のイメージをほとんど持っていないことに驚くことが多くありました。大学院を出た心理士も、目の前の子どもの理解に利用できる程には見方が身についていないと思えました。まずは、子どもがどう大きくなっていくのかのイメージを共有しないと、子どもについて話し合えないと感じ、身体発達も含めた子どもの成長と子育てについて学習会を行ないました。

施設が変わったからでしょうか、子ども達の様相の違い、特に思春期の子どもの脆さと幼さが目に付くことが増えました。自分という感覚を大切した存在感のある反抗ではなく、身体的な違和感や情動に翻弄され、すぐに解決がえられないと崩れていくような危うさを感じることが増えました。以前は人見知りの時期の愛着関係の形成が問題になっていたように思いますが、より早期の発達段階で身につけるべき力が不足していると考えるようになり、5章の表aを見直すことにしました。

## 1 乳幼児の発達

表の前提となる乳幼児の発達の素描を行ないます。

### 1 発達段階、課題について

発達課題は、階段を登るように一度達成すればその後課題にならないというものではありません。思春期でも発達初期の課題に取り組む必要が出てくることもあり、同時期に複数の発達課題に取り組むこともあります。困難にぶつかると、以前の発達段階の課題に立ち戻り、そこからえる力を支えにして、今の課題に立ち向かうこともあります。

例えば、希望を持つ力の弱い子どもは、思春期に入り、進路の問題を前に将来が描けず、不安になってしまいます。希望を持つことは乳児期の課題ですが、その段階の「不快を取り除いて欲しい」というニーズを満たすことで、職員が自分を大切してくれることを確かめます。そして、その経験が支えになって希望を持つ力がわいてきます。

その時々の子どもの発達課題は、職員との関わりや遊びの中に垣間見えます。職員は子どもと関わった時の様子を丁寧に吟味することで、子どものニーズを知ることができます。

## 2 乳幼児の発達の素描

### ❶ 胎児期

胎児は子宮の中で守られ育ちます。五カ月頃より聴覚が発達し始め、大きな音に驚き反応します。七カ月で指しゃぶりが始まります。

母親が身体に有害なものを摂取した場合は、胎児にも影響します。母親がアルコールを飲むと胎児も酔った状態になり、度重なると形態異常や脳性小児麻痺、てんかん、学習障害など胎児性アルコールスペクトラムと言われる症状が出る場合があります。実証研究は乏しいのですが、覚醒剤なども悪影響があると思われます。胎児期に母親が覚醒剤等の依存があった事例の中に、軽い奇形やひどい落ち着きのなさ、情緒不安定などが見られる子どもがいます。思春期になっても夜驚があり、赤黒いイライラが体の中から湧きだし、どうしようもなく手が出てしまうと語った子どももいました。神経が剥き出しなのではと思われるほど、過敏で脆さを感じさせる状態で、改善も難しい印象があります。

## ❷ 生後六カ月くらいまで

生後すぐは母体から引き継いだもので生かされているような状態で、乳児の意志ではなく、体が反応する場合が多く見られます。母体から受け継いだ免疫のお陰で感染症になりにくく、原始反射や生来の選好によって動きます。例えば、唇にふれたものに吸い付く吸てつ反射により、乳児は生後すぐから乳を飲めます。原始反射や母体からの免疫は、六カ月頃までに消え、自発的な動きが取って替わります。

自発的な動きの発達で、養育者との関係を形成する力は重要です。生後すぐの乳児でも、母体の声を聴き分け、臭いをかぎ分けられ、三〇センチ離れた物に目の焦点があいます。乳児は生まれながら好奇心を持ち、顔の造作に関心が向き、丸い物に目が行く傾向があります。この傾向のお陰で乳児は、抱っこして乳房や哺乳瓶を含ませる養育者の目を見つめます。見つめられた養育者は、乳児に笑い返すことで、養育者との関係が始まります。授乳中に見つめ合いが繰り返されることで、空腹を癒す心地よさと、養育者と見つめ合う関係が結びついていきます。

生後三カ月頃には、「天使の微笑み」と称される顔を養育者に向けるようになり、可愛らしさがさらに増します。この頃には、喃語《なんご》の前段階の声出し（クーイング）によって応答ができ、真似し真似されることを望むようになります。視野が広がり首が座ると、養育者を目で追うようになります。四カ月頃には、選択的な微笑が始まり、声を出して笑うようになります。養育者は自分が特別な存在になっていると感じて、さらに関係が深まっていきます。

このように養育者との見つめ合いは、乳児の自発的な動きを導き、安心できる関係を形成する基盤となります。授乳中に養育者がスマホに夢中になることは、見つめ合う関係を阻害し、子どもの発達に悪影響があると警鐘を鳴らす研究者は多くいます。

乳児は、空腹などの体内の不快感にも寒さや突然の大きな音、おしめが濡れている不快感などにも、同じように泣いて訴える様子から、徐々に感覚が分化し、泣き方の違いも出てきます。生後すぐの乳児は、不快感に圧倒され壊れてしまうといわんばかりに泣き、不快を取り除いて欲しいと訴えます。養育者は、乳児の求めること（お腹が減っているのか、おしめを替えて欲しいのか、温めて欲しいのかなど）を推測して世話をしようとします。乳児の求めは一途で必死なので、養育者はすぐに何とかしないといけない焦燥感を引き出されます。この感覚に、親となった喜びを感じる人が多いです。しかし、自分を変えられるような、引きずり込まれるような怖さを抱き、乳児が疎ましくなる人もいます。抱っこして乳児をなだめようとするのですが、焦っておろおろしてしまうこともあります。こんな時は「そのうちなんとかなる」と暢気に抱っこできると、ゆったりして泣き止むことが多いです。そのような経験を繰り返すことで、乳児は「そのうちなんとかなる」という感覚を取り入れ、希望を持つ力の基盤となると考えられます。

統合失調症の発病を危惧されるほど精神的に脆い子どもや、性的虐待などにより生きてきた世界を瓦解させられるほど傷つけられた子どもは、「何とかなる」感覚が乏しい。不快感に襲われると、まるで嵐にもまれる難破船のように、「どうにかなってしまう」恐慌状態に陥ることがあります。クールダウンのために場を変えたり、薬物の力を借りて落ち着けるようにすることが必要な場合もあります。入院治療が必要になることもあります。

施設が安全だと思えない子どもの中には、自分の内から沸きあがる情動にひどく脅かされ、まるで自分でいることに安心できないかのような子どもがいます。「ぞわぞわして落ち着かないね」など、感覚を言葉にしてあげながら、眠れるか、具合の悪いところはないかという身体の感覚を思いやる手当てが必要になります。

ネグレクトで入所してきたある子どもは、悪寒のような些細な不調から、死ぬのではないか、大病になるのではないかと不安を強め、今すぐ受診したい、医者や看護師を呼べと不穏になりました。薬が効かないと、すぐに薬の変更を求めました。子どもの焦りに乗じて、すぐに対応しているうちは、要求がエスカレートしていきましたが、待たせるようにするうちに、要求は収まっていきました。

親の度重なる錯乱を目の当たりにして育ったある中学生は、ふだんは職員に冗談など言い甘える姿もありますが、自分の思いが受け取られないと感じると、相手は自分を責めるのではという感覚に陥ります。「うるせー」「消えろー」「信用してねー」と叫び暴れ、制止した職員に「首絞めたろうー」と叫び、「出ていかないと暴力を振るってしまう」と施設から飛び出したことがありました。門の外で佇むその子に職員が入れ替わり付き合うと、一時間ほどして施設に戻り、面接室で落ち着き振り返ることができました。興奮すると、フラッシュバックが次々に起きてしまい、薬に頼ることもできませんでした。

### ❸ 六カ月から一歳くらいまで

六カ月くらいまでに原始反射は消え、勝手に身体が動いていた状態から、自分で生きていく段階に入ります。歯が生え始め（噛めるようになる）、寝返り、お座り、ずり這、這い這いができるようになります。寝返りやお座りにより、乳児は自力で視野を変えられるようになります。好奇心が、新しい視野を手に入れたい思いを駆動し、身体発達を促します。乳児は、寝返りを反復練習することで、身体感覚に目を向ける練習もしています。お座りは、重力に逆らい体軸を立てる姿勢で、視野が地上から離れ、大きく広がります。体軸を安定させることは、安定感を意識することにつながり、ぐずった時にお座りをさせると、気持ちの立て直しが早くなるそうです（乳幼児保育研究会 二〇一三）。施設の中に、体軸がしっかりしていない子どもは多く、この時期の課題が十分でないことがうかがわれます。

笑顔や声を出しての応答も盛んになります。感情はより分化し、好き嫌いもはっきりしてきて、八カ月頃には人見知りが始まります。人見知りは、自分が安心できる人、フィットする人を見分けることです。人見知りは、それまでの大人との関係の成果で、発達指標として重要視されています。

一〇カ月頃に、指差しが始まり、同じものを「見て」、手を伸ばした先にある物に「さわらせて」ということが始まります。手探りの探索の始まりで、様々なものに興味を持ち始めます。横並びで同じものを見る関係（三項関係）から、言葉が生まれるとされています（猫を指差し「あれ、ニャンニャン。可愛いね」）。心の内をいっしょに眺めることも三項関係の一種で、心理療法的関係の土台です。

新奇な事物や感覚に曝され、驚き慄くことが増えます。違和感に敏感になり、ぐずりやすく夜泣きも始まります。確かな感覚はあっても伝える手段がなく、もどかしそうにぐずぐずします。傍にいて、なだめたり落ち着かせること（情動調律）の積み重ねが、子どもの自己コントロールの基盤となり、「そのうち伝わる、通じる」という感覚も育てます。

様々な不快を感じていますが、うまく表現できないので、養育者が感じ取って世話をしてというニーズが出てきます。感覚的にフィットするまで、乳児は求め続けます。乳児のしがみつくような要求に、養育者はがんじ搦めにされたような怖さや怒りを覚えることもあります。「求めるものが欲しいけど、うまく言えないからくみ取って」という要求は激しく、わざと困らせていると感じるほどです。

ある中学生は、夏場エアコンの設定温度にこだわり、職員が十分涼しいと断っても「職員の感覚を押し付けないで」と、泣きわめき物に当たりました。職員が室温を上げると「勝手にされると裏切られた気持ちになる」と言います。慣れた職員とは話せますが、慣れない職員にはわめくばかりでした。

ある喘息持ちの中学生は、自分なりに安定した状態になるまで薬の調整を求め、「あの先生は話を聞いてくれない」と不満を訴えました。外出時に担当職員と並んで歩けなかったのですが、最近横並びで歩けるようなりました。その職員の横に他の子がいると、じとーとした目を向けいじけることが増えました。

思春期の子ども達は、身体の質的な大きな変化により、それまでとは違う感覚を味わうようになり、言葉にできないもどかしさを抱えます。一歳前のむずかりと同様な感じになります。フィットする、かみあった感じを求め、厳しく人を選びます。不慣れな人への態度が酷くなることも多くあります。新人職員いびりをする子どもに、「ひどい人見知りだな」と指摘するとニヤッとすることがあります。アルヴァレズ Alvarez（二〇一七）は、この段階の課題を抱える子どもに、言語的な理解を求めること、因果関係を示して解釈を行なうなどは、時に非治療的で害であることもある。彼らに必要なのは、別の意味や付加的な意味を与えられることではなく、一度に一つひとつの意味を明確化し、増幅することと述べています。

### ❹ 一歳頃から二歳頃まで

歩けるようになり、行動範囲が格段に広がる時期です。思うように身体を動かしたい、こうしたいという意志が強くなり、自力で探索を始めます。気になる物へ向かって行き、手に取って口にしたり、危険な所にも行こうとするため、養育者から制止されることも増えます。思い通りに体を動かせる感覚は、こうすればこうなるという、因果関係でものを捉える力を養います。飽きもせず立ったりしゃがんだり、ふらふらと歩いたりを繰り返し、徐々に思うように体を動かせるようになります。思う存分に試行錯誤や反復を行なう必要がありますが、付き合わされる大人はうんざりすることも多く、覚束ない動きに手を出したくなることもあります。

子どもは立ち始めの頃に、「見て見て」と言わんばかりに嬉しそうな顔をして、しゃがんでは立ちを繰り返します。自分の足で立ち始めた子どもの姿は、微笑ましいものです。しかし、今まで自分の一部のように思えていた子どもが、自分とは違う意思を持つ人間として現れる時に、戸惑いや不気味さを感じて、怖くなってしまう養育者もいます。意のままにコントロールしたくなることもあります。

### ❺ 二歳過ぎ

自由に歩けるようになり、「じぶんで！」できることも増えます。家族だけでなく近隣の同じような年齢の子どもに対する関心が強くなります。「いれて」、「じゅんばん」を覚え、他の子と「いっしょ」ということが意識されるようになります。

見通しを立てることで安心できるようになり、見通した通りに動きたいという思いが強くなります。自分の思うように動き、周りが喜んでくれることが誇らしいという社会的な関係も出てきます。言葉もかなり増え、養育者の指示が理解できるようになり、トイレットトレーニングが始まります。

しつけとは言え、教え込むのは適当ではありません。本人がやる気になればできることを選択させ、望ましい方向に導くことが大切で、できたという喜びを共有する経験が大切です。押しつけは子どもの反発を生みます。大人も意地になり、子どもを思い通りにしようとして関係が悪化します。

施設をある程度安全だと感じ、活動の幅を広げていく段階で、子どもにこの課題が表れることがあります。見通したようになるか不安で、確かめようとするので、職員の言うことを聞き入れない身勝手な態度に見えることもあります。決まりや公平さにこだわるのも、見通しを立てることに必死だからです。できなさを強調すれば不安になり、確認やこだわりが強まることがあります。承認を求めて大人の顔色を窺うことも増えます。ルールにこだわり他の子の違反に厳しくなることもあります。確かな見通しが欲しいというニーズの表れでしょう。

試し行動と称されるものは、見通し通りになるか不安で確かめずにはおれない、やむにやまれぬものです。試してみるという余裕の感じはなく、人を試すという嫌な感じもないでしょう。この強迫的な心情を試すと称すのは、わざとしているなら直せるはずと思いたい大人の心情からでしょう。

集団に参入する一方で、一人になって自分を取り戻すことも必要です。巣作りのようにベッド周りを設える子どもは多く、大切にしたほうがいいのです。

### 3　発達のエッセンス

社会参加が始まる二歳過ぎまでを述べてきました。体の発達を基盤に心理的発達も促されることが、イメージできれば良いと思います。乳児は好奇心を持って生まれ、周囲のものを探索するために、運動能力を高めていくと考えられます。姿勢や動きが発達の様子を物語ることは多く、身体へのアプローチが心理ケアに繋がることも多いです。

養育者との関係が乳児の好奇心を支え、身体能力に応じて、支援関係が変化します。「そのうち何とかなる」「のんびり眺める」「そのうち通じる」「できるまでじっくり見守る」と変わりますが、いずれもすぐに手を出すのではなく、うまくいくまでもがく時間を与えることが含まれます。支援者がそのような余裕を持つには、周囲が何とかしてくれると思える、支援者の支援体制が必要です。

## 2　5章掲載表aの改訂のポイント

本章の表bはこれまで述べてきたことをもとに、5章の表aを改訂しました。以下に、若干の説明をします。

### 1　発達段階を示す観点に関して

❶　二歳過ぎまでの発達に限りました。

5章の表aでは、エリクソンの発達段階をもとに、思春期までを示しました。思春期の子ども達が見せる生きづらさは、概ね一歳すぎまでの発達課題の積み残しが影響している印象が強いため、今回は二歳過ぎまでを四段階に分け示すことにしました。

❷　乳幼児の身体発達も視野に入れました。

前回はエリクソンの発達理論にそう形で述べましたが、今回の表bでは心理的発達に限らず、身体も含めた発達を視野に入れました。子どもが育っていくイメージを作りやすいように発達指標の欄も加えました。

### ❸ 養育者との関係に焦点をあてました。

例えば「子どものニーズ」では、表aでは「求めに応じて欲しい」「安全な世界が欲しい」と記しましたが、表bでは養育者に向けた要求の形で「とにかく不快を取り除いて」「子宮の中にいるように抱えて守って」というように表しました。

## 2 項目の再編

5章の表aでは、子どものニーズと、それを達成するための大人の役割を中心に項目を並べました。「よい関わり、めざす感覚」は前回も示しましたが、表bではそこにたどり着くまでに味わう過程が、成長に必要であることに思いいたり、「養育者との間で繰り返す望ましい経験」を新たに加えました。思春期の子どもでも、繰り返し経験することで生きる力が強化されると考えるものです。また、養育者と子どもの関係の持ち方として、「養育者の役割」を示しました。その中で、「対面の関係」「横並びの関係」など関わるときのイメージを示しました。

子どもとの間がぎくしゃくする時に、湧きあがる感情から子どもの課題を推測できるように、「子どもが避けたい望ましくない経験」「てこずる子どもの行動」「大人が抱きがちな子どもへの思い」「大人が襲われる感覚」「大人がついしたくなること」を示しました。職員が味わうことから子どもの発達課題が推測できれば、見立ての精度は上がり、子どもへの支援へとつながります。この表がそのような見立ての助けになることをめざしました。

### 3　表bの使い方について

例えば、大切してもらえると思いたいが、思えない子どもは、ここでは脅かされることなく安全なのか、職員は求めに応じてくれ頼りになるのかということを確かめる必要があります。自分がどうにかなってしまう怖さに襲われる場合は、生後六カ月までの課題が蘇っています。子どもが、希望を持てるようになること、職員と和みのんびりできるようになることが、課題です。そのためには、子どもの求めを汲んで、職員が世話をする必要があります。しかし、子どもの一途に求める様子から引きずり込まれるような感じがして、放っておいたり、大人の思いを押し付けたりすることが起きます。すると、子どもはもどかしくなりむずかったり、パニックになったりします。

本章の表bの使い方としては、「とにかく不快を取り除いて」というニーズの列を見て、子どもが安心できず怖い思いをしていると推測します。何とかなるという心持ちであやすように世話をし、和みゆったりした感覚を味わうことをめざすことを考えます。六カ月以降の段階に見られるしがみつきがあっても、安心感が乏しく不眠等がある場合は、安心感を獲得できる関わりがまず必要と考えます。

## 3　最近の思春期の子ども達から感じること

最近感じていることを述べ本論を終えます。

## 1　曖昧な状況での耐性が弱いこと

些細なことで混乱し、すぐに解決してくれないと自分が壊れる感じを訴える、曖昧な状況での耐性が弱い子どもが増えています。また、フラッシュバックが起こりやすく、その混沌とした恐怖体験の積み重ねが、さらに脆弱さを深めている傾向も見られます。精神薬の助けが必要な子どもも増えていますが、薬に対する恐怖が強く、医師の言葉を信じてみる力が育っていない子どもが多くいます。

ＳＮＳやネット環境の影響は大きいのでしょう。すぐに次々と答えが表示され、スイッチですぐに切り替えられる世界に馴染めば、不便さに耐える力はつきにくく、じっくり迷い考える力も育ちにくいと思います。耐性のなさは、不定愁訴、身体化、依存症などにつながっていくように思います。

社会の変化を見ると、少年非行は減り続けています。思春期問題が表れやすい中学二年生以降では、表向きの問題は減り、ＳＮＳ上の問題やいじめが増えていると推測されます（高田 二〇一九）。中学二年生以降は学校内暴力も減っていますが、中学一年生以下の学校内の暴力は、ここ数年増加しています（文部科学省『令和二年度 児童生徒の問題行動・不登校等生徒指導上の諸課題に関する調査』）。小学校年齢は集団の規範順守の圧力に支えられ、コントロールを身につける時期ですが、耐性の弱さと自制力の弱さは相互に影響し合っているのでしょう。

## 2　楽観性で支えられる経験の不足

曖昧な状況での耐性を養うことで思い浮かぶのは、「痛い痛いの飛んでいけ〜」のうらにある、根拠のない楽観さです。大人が「そのうち何とかなるだろう」という思いで、子どもを抱っこしてあやすうちに、子どもは大人の腕に身を委ね、次第に不快が宥められるという過程が思い浮かびます。乳児期に繰り返し経験することで、子どもは「何とかなる」という楽観性を身につけるのでしょう。

子どもの「今すぐ何とかしてくれないと壊れる」という衝迫に対して、「まあまあ、そのうち何とかなるよ」とのんびり返すことが大切になっていると思います。今すぐと焦って解決策を提示しても、子どもが安心することは少ないです。身体症状を訴え、すぐに受診や服薬を求める子どもを例にあげましたが、職員が焦らず対応することで、子どもに「何とかなる」感覚を伝えることになるでしょう。

## 3　子ども集団の中に居場所ができること

曖昧さに耐える力をつけるためには、職員との関係だけでなく、子ども集団の中に居場所があることも役立ちます。「みんなといっしょ」だから大丈夫、「赤信号みんなで渡れば怖くない」の安心感です。最近の子ども達は、群れることが減り、電子機器に向かう時間が圧倒的に増えています。二歳前後から、子どもは自分と同じような他の子に関心が向かい、子ども集団に参入していきますが、児童心理治療施設の中には、この時点ですでに孤立していた子どもが多くいます。

施設生活の中で、子ども集団の中に居場所をえる経験は貴重です。治療共同体、自助グループなど、集団を利用した治療に関しては、総合環境療法（児童心理治療施設がうたっている多職種の専門家が連携して生活全体を治療・支援の観点から組み立てていく）の今後を考えるうえで重要な論点と思いますが、本論でふれる余裕はないので、指摘だけにとどめておきます。

## 4　おわりに

子どもとの関わりから子どもを見立てる時に、本章の表bがヒントとなることを望んでいます。試作段階で、眺めるたびにさわりたくなります。時代の変化で、子どもの発達の様子が変れば、変更が必要でしょう。事例を通して気づいた意見を頂ければありがたく思います。

第7講▼子どもの生きる力へのまなざし・Ⅲ

# 生活場面を治療的に考え直すための試論

## ……………乳幼児の親子関係に関する視点より……………

横浜いずみ学園では、設立当初より生活場面を治療の場の基本と考えて実践を行なってきました。個々の子どもにあわせた生活を整える中で、まずは安心感を確保し、後に子どもが主体となって問題を乗り越え成長して行けるように支えることをめざしてきました。四方他（一九九八）では、ハーマンHerman（一九九六）の心的外傷の回復過程を理論的背景として、学園の治療経験をもとに治療過程を述べています。そこでは、「安全感の確保」が治療の要であり、環境を整えると共に、その環境の中での職員との関係作りが肝要であることを示しました。

子どもの状態の理解をもとに、その子にあった生活ができるように環境を整えることは概ね示してきましたが、肝心の職員との関係を如何に築いて行くかに関しては経験的事実をもとに述べるに留まっています。経験的な事実としてある程度の効果は確かめられているものの、実践を吟味検討するためのモデルが明確ではなく、多少心もとないのが実感です。そのため職員の困惑に関しては、極論すれば個々の場面での職員の経験と感覚に頼って対処しているに近い状態です。そこで、本章では、母子関係の理論を参考にして、今までの経験を見直しながら、学園の実践を吟味する視点を提示してみます。

# 1　理論的な視点作り

## 1　乳幼児の母子関係の視点

児童心理治療施設には、被虐待児など、家庭の養育基盤が弱く、十分に育てられていないと思われる子どもが多く入所するようになっています。そのような子ども達の多くは安定した人間関係を結ぶことができないため、日々接している職員が困惑してしまうことが多くあります。心が通いあう感じが持てず、共にいることに違和感や心地悪さがあり、職員の慣れ親しんだ感覚が通じないような感覚に襲われることも多いのです。乳幼児期に育てられるはずの人間関係が育っていないのではと感じさせられることが随所にあり、「育ちなおし」ということが言われるようになっています。

「育ちなおし」の過程では、子ども達は職員や他の子どもとの関係の中で、それまでの養育者との関係ではえられなかったものをえて行くことが必要になります。授乳のような乳幼児と同じ関係を職員と結ぶことはできませんが、乳幼児期の養育者との関係で育てられるものと同様のものを職員との関係からえられるかもしれません。そこで、乳幼児期の養育者との関係では何がどのように育てられるかを考えてみます。

## 2　スターンの理論

乳幼児精神療法や障がい児の心理援助の領域では、養育者との関係に焦点をあて、治療者が養育者とのやりとりを直接見て、望ましい養育者との関係を築くように介入する方法があります。その際に多く引用されているのがスターン Stern（一九九〇、一九九一）の理論で、職員と子どもの関係にも援用できるように思います。以下にスターンの理論の中で、後の議論に結び付く部分を簡略にまとめて述べてみます（具体例や詳細な議論は原典を参照のこと）。

### ❶　無様式知覚、生気情動など

乳児は、音の強さと光の強さを対応づけたり、発声の口の動きと発声された声の相関を認識できることが実験で確かめられています。このことは、一つの知覚様式（視覚、聴覚、触覚など）からえた情報を他の知覚様式に変換できることを示唆していて、視覚からえた情報も聴覚からえた情報も総括的な知覚（無様式知覚）として捕らえていることが考えられます。つまり、強さ、リズム、形、数などのパターンとして知覚しています。自分の中に湧き上がる感情、情動に関しても同様の知覚をしていると考えられ、このような情動をvitality affects（生気情動）と呼びます。生気情動とは、「かろやかな」「ほとばしるような」「ものうげな」といったように、時間の流れにそった動きのパターンを表すもので、「悲しい」「楽しい」といった抽象化された感情とは異なります。音楽や舞踏から感じられるものを想像するとわかりやすく、人の話し方、しぐさ、表情などからその人の生気情動は自然と感じることができます（いわゆる体で感じる）。

### ❷ 中核自己感、他者と共にある自己の感覚など

二カ月位から、乳児は、自分から視線を向ける、笑う、声を出すなど自発的な動きが増え、身体を動かす能力も増大します。それに伴い自分の身体を自分で動かしコントロールすることができるようになってきます。そして、自分が意志を持って動ける、自分が一貫している、自分の感情、情動のパターン化されたものを体験する、出来事の流れの規則性に気づく、自分が過去と連続しているという感覚が育ちます（中核自己感の形成）。養育者とのやり取りの中では、養育者と共にいる時にのみえられる感覚（他者と共にある自己の感覚）を知覚するようになります。この時期、養育者は乳児の笑いや声、動きなどに喜んで応答し、さらに笑いやより高度な動きを引き出そうとします。養育者が乳児が耐えられる刺激の中で乳児の笑顔や動きを引き出せば、乳児は快い興奮と養育者と共にいる時の快い感覚を味わえ、その経験を記憶します。

しかし、激しく揺すったり大声を出すなど過剰な刺激を与えると、乳児は泣き出したり拒否してしまい、養育者と共にいる時の不快な経験として記憶します。「高い高い」等のやりとりが繰り返され、それぞれの経験が類似の物としてまとまって平均化一般化された「高い高い」等のイメージができ上がり

ます（新しい経験が積まれる毎に変化していく）。この一般的な「高い高い」のイメージの中には、「高い高い」のおよそ予想できる出来事の流れ、えられそうな情動、養育者といる時の感覚などが含まれています。そして、「高い高い」が総じて快ければ、それを期待するようになりますし、不快であればそれを避けるようになります。「高い高い」、「いないいないばー」など多種の一般的イメージができ上がり、きっかけ（親の動き、自分の情動など）が与えられればそれが思い出されるようになります。後に、養育者がいなくてもあるきっかけで養育者と共にいるイメージを思い出し、養育者と共にいる感覚を味わうことができるようになります。

養育者からの応答が過度に少ない場合、多くの場面で自分の動きに応じてもらえなかった感覚が想起されるため、他者とのやりとりを求めない抑鬱的な状態になる可能性があります。逆にいつも耐え難い刺激が与えられる場合、多くの場面で不快な「他者と共にある自己の感覚」が想起されるために、他者との関わりを恐れる可能性があります。

### ❸ 間主観的関係、情動調律など

中核自己感を土台として、八カ月位から主観といえるものが生まれて来ます。指さし行動に見られるように養育者と共に同じものに注意を向けられるようになります。そして、養育者との意図の共有が始まり、養育者と情動、主観が共有できるようになります。他者と共にある体験が総じて快いものと記憶されているほど、幼児は注意、意図、主観の共有を求めるようになります。この頃になると発声と身振りだけで養育者は幼児の意思が大体理解できるようになり、養育者は幼児と接する時に赤ちゃん言葉を使うことは減り、普通の会話に近い話し方に自然に変わります。これは、幼児を独自の情動、主観を持つ個人として扱い始めたことの傍証です。それまでは、養育者が幼児の身になって働きかけていた（養育者が幼児を制御していた）が、幼児の主観もはっきりしてきて、幼児の主観と養育者の主観がぶつかりあうことも徐々に増えてきます。何でも口の中に入れようとする幼児の行動を禁止したり、食事を取らせようとするなど、いわゆるしつけが始まる時期です。

幼児の生気情動を受け取ったことを養育者が伝えることで、幼児は情動が共有されたと感じます。養育者のそのような反応を情動調律といいます。情動調律は、単純に幼児の行動を真似するのではなく、幼児の生気情動と同じものを幼児とは違う表現行動で養育者が伝えることです。例えば、幼児が満面の笑みで「あー」と言うのに対して、養育者が満面の笑みで身体を大きく弾むように揺らすのが情動調律です。まったく同じ行動で反応するよりも幼児の生気情動を違う形で表すことで、生気情動を共有していることがはっきりと伝えられます。幼児の生気情動と少しずれた反応を養育者がわざとすると、幼児は共有を求めて養育者の伝えた生気情動にあわせて来ます。例えば、幼児が高ぶって落ち着きなく身体を動かしている時に、母親が幼児より少しテンポを抑えた話し方で応じて、幼児の高ぶりを収めることができます。しつけなどの場面では、このように幼児の気持ちを親の思う方向に動かしていることがよく見られます。

また、選択的にある情動にだけ情動調律をしないことで、幼児の人柄に影響を与えることもできます。

例えば、子どもの激しくやかましい情動を養育者が常に共有せずにいたら、激しくやかましい情動は人と共有できるものとは記憶されず、将来、激しくやかましいものに対するその子の態度に影響します。親の人柄が子どもに反映する素地はここにあり、社会の文化が親を通して子どもに伝わります。あまりにも不適切な情動調律を行うと、子どもの発達が歪むことが考えられます。スターン（一九九〇、一九九二）は「調律は人と人との間の主観的なやり取りの扉を開く鍵であり、他者との部分的結合によって精神生活を豊かにするためにも、……不毛にするためにも使うことができる」と述べています。

## ❹ 言語的交流

二〇カ月位から、言葉で交流ができるようになります。それまでも言葉は出ていますが、親との間主観的関わりを通して、言葉の意味を親と共有し、親との間で言語交流が可能になります。そして、言語によってより広く社会と関わることが可能になります。しかし、生気情動を言葉にしにくいことからもわかるように、言語で実際の体験の流れを表すことは難しいのです。「悲しい」という言葉では、悲しみの度合い、むせび泣くようなものか、号泣するようなものかといった生の体験のすべてを表すことはできません。表情や声色などの非言語的な情報から、生気情動を受け取って補っています。そのため、幼児は言語的な内容と生気情動などの非言語的な情報の矛盾に苦しむことも出て来ます（「心のこもっていない言葉」など）。言語的情報が社会では主となるため、非言語情報は否認されやすく、実体験から離れた言葉で表された世界が現実であるかのようになってしまう危険があります。

## 3　スターンの理論から推定される学園の子ども達の問題

スターンの理論から養育者との関係を考える時に、「間主観的関係」、「情動調律」といった概念が重要になってきます。実際に母子関係に介入する治療技法でも、これらの概念が用いられることが多く（山上 一九九七など）、大人の治療においても類似の視点を持つものがあります（ストロロウ Stolorow 他 一九九五など）。学園の職員と子どもとの関係においてもこれらの概念は有効であると考えられます。

職員が子どもに対して感じる困惑は、心が通いあう感じが持てない、共にいることに違和感や心地悪さがある、言葉が入らないような気がする、職員の慣れ親しんだ感覚が通じないような気にさせられるといったものです。これらの問題から、その子は職員と共にいることを快いと期待していない、その子の「他者と共にある自己の感覚」の多くが快いものでないと推定されます。言葉や慣れ親しんだ感覚が通じないのも、養育者との関係の中で生気情動の共有や、そこで発せられる言葉の意味の共有がうまくできなかったために、養育者を通してより広い文化的な常識的感覚が十分に育まれなかった結果と考えられます。

子どもが快い「他者と共にある自己の感覚」を多く経験し、職員の情動調律により生気情動の共有を多く味わい、職員と言葉の意味を共有できるようになることが治療の目標になります。その過程で、子どもも情動の共有を求め職員にあわせるようになり、職員の持つ普通の生活感覚や言語の意味が自然と身につき、社会適応力が増していくと考えられます。

## 2　実践への指針

これまで述べてきた視点から、子どもと職員の関わる場面を考察し、当学園の実践を意味付けて見ようと思います。子どもとの関係においては、子どもといる時に職員の居心地が悪ければ、子どももそれを察知し、快い「他者と共にある自己の感覚」「生気情動の共有」を味わえないと考えることができます。そこで、職員の感じる感覚を関係の一つの指標と考えることができます。ここでは、職員の感じる感覚を中心に、子どもとの関係を「関係を築く場面」と「子どもと関わる時の職員」の二つに分けて考察します。

### 1　関係を築くための場面

入所当初の子どもや関係が持ちにくい子どもと接していると、職員は居心地悪く感じられます。いわゆる関係ができていない子ども達との間ではじめにめざすのは、快い「他者と共にある自己の感覚」を作ることです。快い「他者と共にある自己の感覚」の必要条件は、子どもが快い経験ができるように刺激をコントロールすることです。刺激が多すぎて気が散ってしまい、落ち着かなくなることは多くあります。そのために、関係を持つ場面の設定が大切になります。周りにいる他の子どもに気を取られてしまう場面より、一対一の場面の方がよい。気になるものが多くある場所を避けるということも大切になります。

間主観的関係が始まる時期に、子どもは指さしにより養育者と共に同じものに注意を向けることを始め、次に意図の共有が起きます。このことから、二人で何をするかということを考えてみると、同じものに注意を向ける場面、同じ意図を持って行動する場面、主観を共有する場面という順で活動の難しさを考えることができます。まずは、横並びで何かを見る、聞く、ふれるといったことが関係を築きやすいと思います。逆に対話は相手の様子を探るという複雑な活動であるため混乱しやすいのです。大人でも、話しあうより一緒に花火を見たり音楽を聴いたりするほうが、いっしょにいて快いという経験を簡単にえられます。

次に、「関係を築く場面」という観点から学園の実践を考えましょう。個人面接場面をこの観点から意味付けると、決まった時間に決まった大人と一対一になれる場面であり、関係を築きやすい場面の一つであることがわかります。そして、面接でえられた人間関係の経験が生活場面に広がることを目標とすることができます。

当学園の面接室はそれぞれに家具などしつらえが異なっており、子どもの状態で選んでいます。刺激に弱く落ち着きを失いやすい子には箱庭もなく遊具のほとんどない部屋を経験的に選んでいます。面接中の活動についても刺激という観点から考えられます。絵を描くということを例にあげると、自由画、スクイグルなどでは収集がつかず筆者自身が居心地を悪くさせられた子どもと、塗り絵、写生をしたことで初めて二人でいられる感覚が持てたという経験があります（塗り絵、写生の方が自由度が少なく課題としても単純である）。活動の内容によってその子に課せられる刺激が変わります。面接をその子にあった刺激という観点から検討できます。

生活場面での職員との関わりについても同様の観点で考えられます。当学園では一対一のさりげない関わりを大切にしていることは四方他（一九九八）でもふれました。目的のはっきりした身体的な手当などは、職員も相手の身になりやすく子どもも職員に頼りやすい場面ですので、関係を築きやすい。学園の看護師が他の職員とは一味違った関係を作れる一因はここにあります。また、生活の様々な場面の中で、その子が比較的快い様子を見せる場面であれば、職員との間でも快い経験をしやすく関係を築きやすい場面と考えられます。実際に入浴場面、食事の場面などから関係ができ始めた例は多くあります。買い物、職員の手伝い、お菓子作り、ランニングなど、当学園では指導員との一対一の時間を大切にしていますが、「関係を築く場面」としてそれをとらえなおすと、技能の習得といったものとは異なった目的、内容を吟味することができます。

## 2　子どもと関わる時の大人

職員は子どもとの間で生気情動の共有をめざすために情動調律を行ないます。情動調律をするには、相手の生気情動に注意を向け、受け取った情動を子どもとは違う行動で伝える必要がありますが、それができないことが多くあります。以下に幾つかの場合をあげて考察します。

❶ その子に注意を向け応じる余裕がない場面

これはよくあることです。忙しさ、疲労度などの裏には、職員数の不足や大変な状態の子どもに気を取られているなど、個人では解決できない事情がある場合もあります。

❷ 自分の中でそのような生気情動が苦手で、伝え返せない場合

なんとなく嫌だなと感じたり感情的に揺さぶられる場面です。派手なはしゃぎ方を楽しめる人もいれば苦手な人もいます。ぼーとしたものが得意な人もいれば苦手な人もいます。これは、その職員の人となりの要因です。無理をすればその無理が生気情動として伝わるので調律はうまくいきません。まずは苦手を意識して、共有にいたらなくても自分のできる範囲で応答するほうがいいと思います。ずれが生じるものの、その違和感が二人の関係を考える大きな材料となります。その違和感から、自分の人となりを理解し、その子の理解を深めることが大切です（これは心理治療者が行なう大切な作業の一つで、スーパーヴァイズが必要なことも多いのです）。

その過程で苦手が克服されることも多くあります。他の職員との間でそのような情動が共有されることも多いので、無理をすることはありません。誰もが苦手とするような場合は、その生気情動は子どもの問題を反映していると考えられます。横浜いずみ学園では、子どもが各々の職員によって違う関係を持つことは当然で、子どもが職員を選ぶと考えていて、それがチーム治療の醍醐味であると考えます。このような考えは、職員が無理をしないですむ守りとなります。

また、施設全体の雰囲気が職員に浸透していて、その雰囲気にそぐわない情動に反応しにくくなることもあります。例えば行事を前に職員も子どもも慌ただしく活気があるときは、のんびりと動きの遅いような情動にあわせることは難しくなります。このような時は、施設の雰囲気を見直すとよい機会になります。

### ❸ 幾つかの考えの中で迷う場合

子どもの振る舞いに素直に応じられず、「こうあるべき」とか考え迷う場面です。これはわれわれの文化社会的圧力や施設の方針、個人的な治療理念などが影響を与えています。鯨岡（一九九七、一九九八）は、人間関係が幾層もの矛盾する方向の思いのバランスの上に成り立っていることを、「関係の両義性」として考察しています。鯨岡は、養育者の中にある矛盾する方向の思いを多く指摘しており、職員が抱く思いを考えるヒントになります。

例えば、子どもの水遊びに興じる姿を微笑ましく思い認めたい反面、風邪を引くのではと心配し止めたい気持ちもあり、騒がしいため周りの人の目も気になります。そのような葛藤は随所に見られ、それを抱えながら子どもに応じていることを示しています。そして、「今を認め支えることと、将来のために教え、導くこと」「個の主体として育てることと、集団の一員として育てること」など、この「両義性」の視点から保育園の実践などにもコメントしています。

ある子どもが嬉しそうに自分の作品を見せに来た時に、年齢相応のレベルを考えると稚拙であるが、その子にとっては上出来という場合、職員はいっしょに喜ぶか、一段上のレベルをめざしてアドバイスするかを考えてしまいます。一人ひとりのペースにあわせた成長を大切にしている施設では子どもと共に喜ぶ事ができますが、成長促進を進める雰囲気が強い施設では迷いは大きくなります。このように職員が子どもに対する時の迷いを冷静に吟味することでその施設の治療方針、施設の文化などを見直す機会にもなります。

## 3　目の前で混乱している子どもを支えるための場作りと関わり

今までの考察を踏まえて、最後に最も難しいが、最も支援的な場面での子どもとの関わりを考えてみます。子どもの混乱状態を目の前にすると、あたかも職員に子どもの不安や混乱が伝染したようになって、職員も混乱してしまいます。職員は自分を守るために子どもとの関わりを断とうとしてしまいます。この場面では落ち着かせる方向に、情動調律を行ないたい。

なんとか落ち着かせようとして、言葉でいろいろ言っても、職員の方の生気情動も混乱しているので、言葉と生気情動が矛盾してしまい効果が薄くなります。まずは周りの子ども達の反応に煽られて混乱が悪化しないように、居室または面接室など刺激の少ない場に連れていき一対一の場面を作ることを横浜いずみ学園では行なっています。

周りに子ども達がいなくなるだけで職員は少し余裕が持てます。混乱した子どもも周りの刺激が減り、それによって煽られることがない分、混乱がひどくなることは減ります。周りの子どもが、やじ馬のように見にくるのではなく、そっとしておいてくれるような文化ができていればなおいいのです。話しているうちに興奮がひどくなることは多いので、子どもが混乱して話していることをまともに聞こうとするより、話すのをやめさせた方がよい場合もあります。大声を出すのを止めさせるために、職員が黙っていて子どもの言葉にすぐ反応しなかったり、職員が小さな声で反応する。ただし、これがうまくできるかどうかはその時に職員に余裕があるか否かなどによって左右されます。無理な時は応援を呼び、そういう対応が得意そうな人に任せることも大事です。そのようなことが認められるような職場の風土が、逆に職員に余裕を与えます。

経験によるテクニックはあるものの、大事なことは、それまでに少しでもその子との間で快い関わりの経験がえられているかです。職員もそのような経験を頼りに余裕が生まれますし、その子もその職員との間に情動を共有した経験が多ければ、それを期待し職員の様子にあわせて来ることが多くなります。

## 4　子どもと職員の関係を取り巻く施設の環境、文化について

子どもと職員の関係は、二人の生気情動の調律の過程であり、音楽のアンサンブルに譬えることができます。相手の音を聞き、自分の音を聞くことが大切なのはいうまでもありませんが、音から様々なものを感じ取るには訓練が必要です。音の感じ取り方いかんでアンサンブルの質が決まってきます。職員が生気情動に敏感になるためには、日頃からそれを大切にする環境が必要になります。職員間の会話を考えてみると、職員間で使う言葉が生気情動に近い生き生きとしたものであるほうが生気情動に敏感に

なりやすいのです。「抑鬱的」などと言う専門用語よりも「暗い」とか「落ち込んでいる」という言い方のほうがよく、「どよーんとした」といったほうがより伝わります。

横浜いずみ学園では申し送りやカンファランスの時に「パラパラしている」とか「チリチリしている」といった日常語ともいえない言葉が多く飛び交っています。そのような言葉がより職員に訴える力を持つために、自然と共有できる言葉として生みだされ定着してきた結果で、自然と生気情動を大切にする文化になったのでしょう。会話が肩肘張らないものになっているほど、感じたことを生き生きと伝えることもでき、それを受け取ることもできます。

このような雰囲気の中では、職員の迷いを大切にすることができます。その職員を支えられると共に、個人的問題だけではなく、その裏にある施設の状態、治療理念などを考え直す機会にもなります。うまくいかない理由を子どもの問題、職員の問題と一つのものに押し付けがちですが、関係の問題は多くの要因が有機的に結び付いた結果です。職員の戸惑いを大切に吟味することで、子どもとの関係が作りやすい施設へと変わる可能性が広がります。

言語は生き生きとしたものから離れ抽象化されていることが多いために、時として実感を伴わなくても話すことができます。そのために、生き生きとした感情は心しないと言語の力に押し流され、実体験から離れた議論で満足してしまう可能性があります。「生気情動」を大切にするという視点はそのような危険を回避する重しとなります。

## 3　今後の課題

スターンの理論をもとに職員と子どもの関わりを考察して来ました。横浜いずみ学園で経験的に大切にしていることをある程度この視点から意味付けることができたと思います。そして、実践を検討するうえで一つの視点にできる感触がえられました。

また、横浜いずみ学園の数名の生活指導員に子どもと接していて湧き上がる感じをどんな音楽に例えられるかと聞いたところ（生気情動に近いものを問うた）、「そうだよな」と私にも実感できる回答がかなり返って来ました。また、そのような問いかけが職員にとって比較的答えやすいものであるとの感想がえられました。そのことから、職員が抱く生気情動が子どもの理解に有効な資料となるという感触があります。子どもとの関係から感じられる生気情動を中心に据えて、子どもの理解と治療的な関わりの工夫というモデルができるかもしれません。

まだまだ精緻化されたモデルとは言いがたいものの、本論で述べた視点から実践を吟味した時に多少なりとも戸惑いが整理され指針がえられるならば、この視点は有効であると言えます。今後は、実践に役立つ視点であるかを検証していく中で、より有効な視点やモデルが作れればと考えます。皆様方の忌憚ないご意見ご批判をいただきたいと考えています。

# 思春期問題援助論

思春期は、身体の変化（第二次性徴）が始まって性的に成熟する、子どもから大人に変化する時期を言います。一〇歳くらいから変化が終わる高校生くらいをさします。思春期は身体が大人に変わるのに伴い心も変化します。思春期論は様々ありますが、論者が自分の思春期への思いを描いているのではと思えるほど多様です。以前は、疾風怒涛の時期と言われ劇的に描かれることもありましたが、何だかわからず通り過ぎる子どももいると思います。今はむしろそういう子どものほうが多いと思います。実際に中学生年齢の非行は年々減り、学校での暴力も減っています。

そうはいっても悩みの多い時期であることは変わらず、不登校などは減っていません。思い返してみてください。もう一度中学生を楽しみたいと思う人もいれば、二度と味わいたくない思い出したくもないと思う人もいます。それほど個人差が大きな時期で、渦中にいる子どもに対しては、より個別に対応を考えていく必要があります。

## 1　思春期の心理的特徴とされるもの

### 1　他の成長期に比べて特徴的なことと、それに対する揺れ

身体的生理的変化が起きるために、それまで馴染んできた世界に違和感を覚え始めます。一つの例をあげれば、身長が急に伸びると景色が変わります。今まで見上げていた親を見下ろすようなことも起きてきます。皆さんもかがみながら人の多い所を歩いてみると、景色の違いに驚くと思います。目線の位置で世界の見え方が変わります。そんなことが起きてくるわけです。

思春期の前、児童期までは、線路が続くようにそのまま大人になって行くと思っていたのに、今までの自分とは違う感じになって、その線路に乗っていられなくなるようなイメージです。そうなるとこの先どこに向かうかが見えなくなってきます。そして、「自分が望むような未来を築けるのか」という将来への漠然とした不安を抱くようになります。

不安になると周りをきょろきょろと見回しますよね。同じように周りの子どもが気になります。そして、児童期よりも自分と他の子の境遇の違いに目が向くようにもなります。また、自分のこれまで来た道を振り返ることも起きます。

児童期は大人から教えられたように、他の子といっしょのことをしていればよいという感じが強いで

すが、思春期に入ると個人差が目立ってくるので、自分なりのものを探らなければいけなくなります。ですから、それまで身につけてきた力を使って工夫していくことになり、地力が問われます。軽度の知的障がいのある子は、周りについていけない感じが強くなります。それまで周りに紛れてやってこれたために目立たなかった発達障がい的な生きづらさも露呈してきます。

それでは、思春期に起きる主な変化をもう少し詳しく述べてみます。

### ❶ 身体が急に成長し、変化する

学童期も着実に背は伸びてきますが、背の伸び方が大きくなります。気が付いたら親の背に並び、親を見下ろすようになる子どもも多くいます。同時に身体つきも大人になっていきます。胸の膨らむ時期は個人差があるのは皆さんご存知だと思います。児童期まではみんないっしょに大きくなっていたのに、急に女性らしさが出てくる子がいる一方、児童期の身体つきが中学生になっても続く子どももいます。初潮の時期も個人差が大きく、周りの子と比べて、劣等感や疎外感を抱いたりしやすくなります。男の子でいえば、声変わりの時期も違いますよね。肩幅が広がり急に逞しく見える時期も異なります。

外からは見えませんが、性ホルモンや内分泌系のバランスも変わります。脳も乳児期・乳幼児期に次いで大きく成長する時期です。身体の内側も大きく変わり、質的な変化が起きます。

## ❷ 衝動（特に性衝動）の高まり、自分をコントロールすることが難しくなる

性ホルモンの分泌など身体の内側の変化による影響も大きいのです。性衝動が高まったり、イライラが高じて粗暴になったり、女性では生理周期によって気分の変動があったりということが始まります。味わったことのない自分の内側から湧き出てくる感じに戸惑い、突き上げてくるような衝動をコントロールできない、自分を制御できない怖さを味わったりします。

性衝動は特に味わったことのない感覚なので厄介です。気づいたら異性の身体つきに目が釘付けになっていた経験のある方もいると思います。驚愕の体験です。性衝動は馴染みのない感覚なので言葉に表し難く伝えにくいという厄介さもあります。

綿矢りさは『蹴りたい背中』という小説の中で、同級生の男子がヌード写真を持っているのを見つけた時の気分を、「酸っぱい。濃縮一〇〇％の汗を嗅がされたかのように、酸っぱい嫌悪と同時になんともいえない感覚が襲ってくる。プールの水の、塩素のにおい。（プールの時の更衣室の様子を思い出し）体の力が抜けてふやけていくような、いやらしい気持ちが七色に光る油のように体の奥に溜まっていった。」と書いています。

## ❸ 自分の基盤が揺らぐようで情緒が不安定になりやすい

このような変化が起きているので、それまでの自分の身体ではないような、自分のよって立つところが揺らいだ感じで不安定になります。そのうえ、さらに変化が続くために、些細なことにも過敏になっ

たり、自分がどうなってしまうかわからない不安から死の感覚がよぎったりもします。声変わりが始まり、咽頭癌ではないか死ぬのではないかと不安になった子がいました。胸が痛くなると、心臓が止まるのではと怖がる子どももいます。

この状態を乗り切るためには、それまで培ってきた経験がものを言います。自分の内側から動かされ、どうなるわからない不安をなだめてもらうことは、乳児期に味わう経験です。この経験を十分味わうことで、将来へ希望を抱く力が育ちます。希望を持つ力が強い子どもは、将来への不安に耐えられます。感じているものをうまく表現できず、むずかった時に、言葉を添えてあやしてもらうことは、六カ月から一歳くらいの乳児が味わう経験です。この経験は、あやしてもらうだけでなく、乳児があやしてもらう人に応えて合わせていくことで、あやしてくれる人としっくり噛み合う感じを味わう経験です。この経験の中で、自分の感情や衝動をコントロールする力が養われます。そして、自分の思うように動きたくてもがいている時期に、励ましてもらうのは歩き始めの時期に味わう経験です。この経験から自分の力でこうしたいという意志と自律の力が育ちます。「自分はこうしたい」という意志が強ければ、不安な時期も前向きに乗り越えていくことができます。

このように、乳幼児期に身につける「希望を持つ力」「自分の感情をコントロールする力」「こうしたいという意志を持って動く力」が、思春期の揺れを乗り切る時に大切になります。虐待を受けた子どもの中にはこの力の弱い子どもが多くいます。

不安定さやコントロールのできなさが酷い場合、精神科の受診が考えられます。努力では改善しにくく、子どもなりに何とかしようとしても改善しない場合は、無力感が生まれ、さらにイライラします。薬を飲むことで暴力がなくなるとか、衝動が消えるということはありません。不安定さやイライラを減らして、コントロールをしやすくするために使うものです。薬で自分が変えられてしまうと案じて怖がる子どもがいますが、生きやすくする手助け、骨折した時に松葉杖のようなものと考えられるように、伝えてください。一度飲み始めると一生飲み続けなければならないと思っている子どももいます。改善すれば薬は必要なくなりますし、薬物依存になるということも医師の指示に従っていればありません。様々な誤解が精神科受診にはあると思います。まずは相談してみてください。

## ❹ 世の中の認識の仕方、考え方も大きく成長する

抽象的なものの見方ができるようになります。思春期の始まりの頃小学四年生で分数を学習しますが、分数は難しいですよね。そして、論理性も磨かれていきます。中学では証明問題がでてきます。知的な遅れのある子どもはこの辺りの課題を超えられません。

論理性が身につくと、頭で納得することが大事になってきます。何となく考えもせず受け入れていた社会の動きに目が向いたり、目に見えない世の中の仕組み、裏にあるものごとなどに関心が向き始めたりします。目に見える物だけを信じていた時代から、人の意図を深読みしたり、疑問を持ったりできるようになります。実体験を超えて想像ができるようになり、視野が一気に広がります。自分で考え、納得できないと不満を表したりします。素直な子どもから、屁理屈をこねたり、議論を挑んだりする中学

生になっていくわけです。それまでは世界一と言っていたお父さんが、批判の的になったりします。いわゆる第二次反抗期と呼ばれるものです。

思考力がついたからと言って、バランスよく広く世の中が見られるまでには、まだまだ時間がかかります。小さなことにこだわったり、自分の思いを理屈で無理に説明しようとしたり、大人から見ると極端だったり、偏屈だったりバランスを欠くことも多いのです。練習の時期ですね。何となく周囲にしっくりした感じの持てない、どことなく不満や猜疑心を抱きやすい子どもなどは、自分で考えた理屈を押し通そうする傾向が強くなるように思います。大変な思いをして生きてきた子は、そうなることが多いように思います。一方、幸せに楽しく過ごしてきた子の中には、それまでと変わらず、疑問を抱いても「そんなものか」と大して気に留めず過ごす子どももいます。

「大人の考え方のできる子」、「いつまでも子ども」というような個人差が大きくなります。知的に遅れている子どもは思春期に入ると、周りの子どもの言っていることがわからないという思いを抱くことが増えてきます。発達障がいなど認知の仕方に特徴がある場合は、どこかおかしいという目で見られることや、みんなと違うことに気づき悩むことも増えます。

## ❺ 集団の圧力、社会の期待などを批判的に検討できるようになり、選びなおす時期

このような世の中の見え方の変化によって、それまで素直に受け入れていた規則などに疑問を抱き、納得を求めるようになります。ここでも個人差が大きく、校則に疑問を持つなど大人の言うことに逆ら

う子どももいますが、「そんなことどうでもいい」と大して気にもせず、長いものに巻かれているかのような子どももいます。以前は不良集団など、大人に逆らう子ども集団がありましたが、この頃は減ってきているように思います。暴走族も減少していますし、ゲームセンターなどにたむろする子どもも減っています。

子ども集団の質も思春期になると変わってきます。周りの子ども達の様子に批判的になることも増えます。それまではみんないっしょという感覚が強かったのが、個性が否応なく表に出てきます。気の合う子と気の合わない子がはっきりしてきます。思春期の女子の集団はややこしいですよね。疎外感を感じたり、他の子と比べて劣等感を感じたりすることが増えます。「みんなとちょっとちがう」と感じている子どもや発達障がいの傾向のある子どもには、みんなのノリや微妙な感覚にあわせられなくて、集団に馴染めなくなったりします。そのため仲間外れにされたり、いじめられたりすることもあります。少年非行は減っていると述べましたが、残念ながらいじめは減っていません。SNSを利用したいじめは新しい問題として注目されています。

❻「自分らしさ」と「みんなといっしょ」の両方を求める。独自性と一体感への欲求

成長の個人差もあって「みんなといっしょ」という感覚が持ちにくく、周りと違う自分に目が行きやすくなります。他の子とは異なる自分らしさを見つける気持ちも出てきます。自分というものを意識し始めると今なぜ里親の下にいるのか、なぜ自分は親と暮らせないのかということも気になります。「普

通じゃない」と自己評価を下げることも多くあります。「自分らしさ」を探すことは、社会的養護の下で暮らす子どもにとっては、辛い作業になることも多いのです。

不安定な時期ですから、自分と同じ仲間がいた方が安心できます。個人差に目が行くからこそ、「自分と同じ」「自分だけじゃない」と思える友達を求める気持ちも強くなります。この思いと自分らしさを求める思いをうまくバランスをとってやっていける子どもも結構いますが、「みんなと違う」という違和感や劣等感などに悩む子どももいます。

自分の居場所がどこにあるのかと悩む子どももいます。養育者との関係も変化して家の中にいてもしっくりとせず、仲間集団の中でも違和感を覚えてしまう。唯一無二の自分に強くこだわると孤立しやすくなります。そのため、部活や仲間集団の中に必死に居場所を求める子どももいます。ライン仲間から外れたくないためにスマホを手放せない子どもも多いのです。学校での適応感がえられず不登校になる子どももいます。

適応しているとは「無理しなくてもいられる」感覚に加えて、「必要とされている、役に立っている」感覚が大切です。大人でも「いてもいなくてもいいよ」と言われると、寂しいでしょう。家庭でも役に立っていると思えるように、お手伝いなど何かの折にはさりげなく感謝の言葉を伝えるといいと思います。

## ❼ 将来の自分を描き始める時期——進路選択の課題

このような揺れ動きの中で、自分の進路を見つけていくという課題が出てきます。中学に入って部活を選ぶことも小学校時代になかった大きな選択でしょう。そして高校の選択が待っています。自分は何をしたいのか、どんな大人になりたいのかということに目を向けずにおれなくなります。目の前だけでなく世界の状況など社会の動きを想像し考える力がついてくるので、社会の中で自分らしく活躍する将来像を描く課題が始まります。

将来を見つめることは、過去を振り返ることも促します。将来何ができそうかを想像する時に、過去にどんな経験をして「これなら自信がある」と思えるものは何か、ということも考えます。どうしてこんな思いをしてこなければならなかったのか、なぜ虐待されたのかなども気になりますし、どんな親から生まれたのか、どんな遺伝子が自分の中にあるのかなどが気になることもあります。精神障がいは遺伝するのではないか、親が犯罪者だと自分も犯罪者になるのではなのかと悩む子どももいます。将来の自分を描くことは過去の自分に折り合いをつける課題でもあります。

この課題は青年期まで続くのですが、その始まりが思春期です。幼児期に「お花屋さんになりたい」とか「おまわりさんになりたい」と社会に役立つ仕事にあこがれを持つようになりますが、その力がここで活きてきます。その日その日を生き抜くのに精一杯だった子どもや周りの大人達の様子が怖くて、そういう大人達に関わりたいと思えなかった（常に夫婦喧嘩が起きている家庭など）子どもには、社会に参加したいと思う力が育っていないことが多いと思います。

一昔前は、中学生がたむろして何となく将来の話をしているという姿がありましたが、今はどうでしょう。ゲームに時間を割いて友達付き合いが少なかったり、ＳＮＳでつながっていても、言語のやり取りが主であって、直に関わり合う時間は減ったりしています。このような環境、生活の変化が子どもの育ちにどのような影響をもたらすのかはまだよくわかっていませんが、少なくとも昔とは相当違う感覚が育っていくと思います。

### ❽ 思春期の子ども達の見せるアンバランスな様子

このような思春期の課題の大きさにたじろぎ、幼稚化したり、傍観者的にしらけたり、空はしゃぎしたりと、いろいろな姿を子ども達は見せます。「へたり込む」ことと「背伸び」の両方が入れ替わって表れることもよくあって、生意気な口をきいて批判していたと思ったら、情けないくよくよした顔を見せたり、べたべた甘えてきたりすることもあります。この揺れ幅の大きさも思春期の特徴です。周りの大人は、その時々に何とかしようとすると振り回されてしまいます。そのうち何とかなるものだと思って、少し距離をとって見ていることも大切になります。

日本の子どもの特徴として、非行が少ない学力が高いなど世界に比べて誇れる面は多くあります。しかし、幸福と思う若者の割合が低く、若者の自殺が多いという特徴があります。将来への夢が描き難いことが指摘されています。傍から見ていれば死を選ぶほどの苦しさが見えない、助けを求めればよかったのにと思えても、悲観的になって死まで考えてしまう子どもがいます。自分を思いつめて極端に走ってしまうことも思春期の特徴です。

## 2 現代社会の特徴と思春期への影響

今の子ども達は、一昔前とはずいぶん異なった環境で育っています。自分の思春期を思い起こして「世の中はこういうもの」とか「自分はこうやってきた」と言っても、子ども達の感覚とずれることが多いと思います。サザエさんの波平さんはカツオ君の頭をげんこつで殴ったり、物置に閉じ込めたりしていましたが、疑問もなく笑っていた方が多いと思います。今なら体罰として批判されてしまいます。思春期は社会とのつながりを意識しだす時期です。現在に育つ子ども達について考えるために、一昔前と異なる時代の変化をいくつかあげて考えてみましょう。

### ❶ 子どもを取り巻く社会環境の変化

子どもを取り巻く家族や子育て環境の変化にはめまぐるしいものがあります。離婚が増え、実父母が揃って成人まで育て上げる家庭は減っています。ひとり親家庭や再婚した夫婦の家庭も珍しくありません。実父母と子どもという核家族をイメージして考えると、現状にそぐわない場合もあると思います。保育園は増え、日中の子育てを保育園に任せる家庭も多くなっています。実親の手だけで子どもを育てるということは減って、保育園など多くの人の中で育つ子どもが増えています。学習塾に通うことはあたり前です。経済的な格差が広がっていると言われていますが、一人親家庭や経済的に苦しい家庭の子どものための「子ども食堂」や学習支援事業などの支援も増えています。

学校は集団教育が主ですが、一律の集団統制の考え方はますます減っています。体罰なども禁止され、子どもの人権への配慮も進んでいます。発達障がいが注目され、個人の障がいにあわせた配慮も求められ、特別支援学級で学ぶ子どもも増えています。英語やプログラミングの授業が小学校に導入されたり、思考力を養うような授業が増えたりなど、学習内容は昔より難しくなっています。行事も変わってきていると思います。

校内暴力などが問題になった時期がありましたが、中学校では学校内の暴力事件は減っています。荒れると言われる中学二年生の暴力も、他の学年よりは多いものの減少しています（小学生の学校での暴力は増えています）。一方で、不登校やいじめは増える傾向です。

携帯ゲームやスマホを小学生も持つようになり、SNSに馴染む子どもも多いのです。このような変化の中、ゲームセンターは減り、コンビニの前でたむろする姿も減りました。代わりに家の中でスマホやゲーム機を手放せない子どもも増え、SNS上で仲間づきあいをしている子どもも多いと思います。親がスマホに夢中で、赤ちゃんとのアイコンタクトが不足するなどの問題も指摘されるほどです。

### ❷ 価値の多様化、画一的な価値基準の喪失

価値観が多様化してきています。ダイバーシティー（多様性）という言葉を耳にする機会も増えました。高度経済成長時代に多くの人が抱いていた「大きな物語」（「努力すれば社長になれる」のような人

生物語）がなくなり、それぞれ個々の人生物語を描く時代になっています。結婚、出産を機に専業主婦になるという考えは主流ではなくなっています。一度就職した会社に定年までいることも減り、転職があたり前になっています。三〇年前は、海外で活躍するプロのアスリートはほとんどいませんでしたが、今や多くのアスリートや芸術家が世界で活躍し、若くして成功する起業家も多くいます。多様な生き方を選べるようになっています。一方、リストラがあったり、能力給が採用されたりと、何となく周りの勧めに乗っかっていけば老後まで安心という時代ではなくなりました。多様な選択肢の中から個人が選択しリスクを抱えながら生きていく時代になっています。

子どもにとっては、こう考えれば大丈夫というものを教えられるより、自分で考え選ぶことを求められる面が強くなっています。自信がないと、自分の思いをぶつけて確かめたくなります。周りの大人に思いをぶつけると、以前なら「そんなの社会が許さない」とか「そんなで生きていけるわけないだろう」などという乱暴な答えが返ってきて、「よく考えろ」と言われることも多かったと思います。そんなやり取りを通して社会と折り合いをつける力をつけてきました。今は、「それもいいんじゃない」と理解のある答えが返ってくるのですが、その実現に向けての道筋は誰にもよくわからず保障されません。その時々で柔軟に考えることも求められるため、「自分はこれだけは譲れない、これをしたら自分じゃなくなる」など、強固な自分という感覚を持ちにくい時代だと思います。芯を失わず努力して成功する人もいますが、その時どきをうまくやり過ごすような人もいると思います。「自分の考えはないのか」と言いたくなることも多いのではないでしょうか。

## ❸ SNS、スマホの影響

コロナの影響を見ればわかるようにSNSの発展は働き方も変えました。人に会わず働ける時代に入りつつあります。キャッシュレス、ネットオークションなどSNSを利用した新しい活動はどんどん生まれています。と同時に、SNSを利用する犯罪も日々進歩していています。犯罪数は減っていますが、ネットを使った詐欺などは増えています。SNSを利用した性的被害も増えています。現実の世界よりも手軽で刺激的で、楽しさを与えてくれるので、スマホ依存、ゲーム依存なども増加しています。

SNSにより家に居ながら世界中の人とつながることができます。あらゆる情報が即座にえられます。SNSが発展する前は、情報は自ら求めて取りに行くもので、図書館に調べに行くなど手間暇がかかりました。今は、溢れる情報の中から取捨選択することが大切になっています。たいていのことは検索すれば何がしかの答えがえられますが、正しいかどうかの保障はありません。ネット上の回答を信じて失敗しても信じた人の責任です。答えがすぐえられるので、時間をかけて考えることは減り、答えの出ない曖昧な状態を耐える経験も減っていて、すぐに結果を求める傾向が強くなっています。

SNS上の人間関係は、臭いのない、匿名性の高い、偽りの自分（サイバーセルフという言葉があります）も作れる、いつでも切れる関係で、制約もなく大胆にもなれます。現実の世界は辛いことやうまくいかないことも多く、SNS上に居場所を求める子どももいます。ゲームをしている時だけが現実の辛さから逃れられる、ゲームをしていないとどうにかなりそうでゲームをしないでいられないというゲーム依存になっている子どももいます。一方で、引きこもりの子どもなどには、SNSが誰かとつながるきっかけになり、相談もしやすいという利点があります。ネット相談、ライン相談なども発展してきて、登校など現実の社会活動に戻っていくステップとなることもあります。

友達とのラインは、即答しないと嫌われるという恐れを抱くことも多く、スマホが手放せない子どももいます。言語や絵文字から相手の意図を読まなければならず、読み違いや誤解なども多くなり、疑心暗鬼にもなります。些細な行き違いからいじめに発展したり、誹謗が拡散して自殺に追い込まれたりすることまであります。性的な関係に連れ込まれるなど、危ない関係に陥ることもあって、関係を切ることも必要になります。どこまで自分をさらすか、ごまかすかという感覚も必要です。相手からの情報も嘘かもしれず、混とんとした情報の海を一人で泳ぐようなもので、バランス感覚が必要です。現実の人との関わりとSNS上の人との関わりを行き来するような力がこれからは必要になるのでしょう。

SNSはこれからも発展を続け、新しい生活スタイルを生み出すと思います。今はまだ、便利さの反面危険もあり、モラルも確立されていない混とんとした状態です。SNS上の関わりをもはや制限することはできませんので、子どもといっしょにうまい使い方を探っていけるといいと思います。

## 2　社会的養護を受けている子どもの思春期

思春期は、それまでに身につけてきた力を総動員して乗り切っていく時期です。大変な時期であることを書いてきましたが、社会的養護の下で暮らす子どもの思春期は、「普通の子ども」と比べて、より生きづらさがあります。様々な問題となる行動や不安定さ、関わりにくさが出てくると思います。社会的養護の下で暮らす子ども達が抱えがちなことをあげてみます。特に虐待を受けて育ってきた子ども達が多いので、虐待を受けてきた子ども達を想定して述べていきます。

## 1 社会的養護を受けている子どもに出やすい問題

### ❶ 主体性の感覚の脆弱さ、自己不確実感

児童虐待は、単純に言えば子どもを酷く大切にしないことです。子どもにとって大切にしてもらえない経験とは、「自分の思いを聞いてもらえない」、「自分の思いがいつもかなえられない」という経験です。自分の思いを聞いてもらえない経験を積み重ねると「こうしたいとか考えてもしょうがない」、「今がよければそれでいい」という感じになっていきます。そうなると、「自分はどうしたいのか」、「どうなりたいのか」ということも考えなくなって、自分のことも考えなくなり、「自分」という感覚も弱くなります。虐待を受けた子どもの中には、「将来何になりたい」と聞いても「なにもない」とか、「どうせ二〇歳まで生きてない」と答える子どももいます。「今よりよくなりたい」、「ああいうふうになりたいから頑張る」という気持ちも持てない子どもも多くいます。

自分という感覚（主体性）が弱いと、辛い時とか不愉快な時などに、「自分はこうしたい、こうなりたい」と、前向きに時間をかけ解決していくことができません。辛さをすぐに解消したくて、ゲームを

することで紛らわせたり、ネットで誰かにつながって紛らわせようとしたり、薬物に頼ったりすることもあります。状況に流されるままに生きてばかりいると、「自分が」という実感を確かめたくなって、リストカットなどの自傷や性的な逸脱行為に走る子どももいます。「切って出た血を見ると生きている感じがする」とか「(性的行為の最中だけ)生きている実感が持てる」と話す子どもがいます。

現実の辛さを、ゲームやスマホ、薬物などで紛らわしていないと「自分が壊れてしまう」となると、自分では止められない依存症の状態になります。実生活が死ぬほどつらいので、SNSに依存するしか生きるすべがないというように、依存は自殺や自分が壊れてしまうような混乱を避けるための行為と考えることが、支援につながります。

依存症は、性格の弱さではなく治療が必要な病気です。性格の弱さという無理解から本人を責めることで、本人を孤立させてしまうことが最も回復を遅らせます。周囲の人の依存症に対する理解と、少しでも生きやすくなる工夫を探る支援が必要です。

### ❷ 自己評価の低さ

虐待は子どもの育ちの様々な面に悪影響をもたらすことがわかっています。身体の成長面、脳の発達面、知的な学習面、情緒面、対人関係の面など、発達のほとんどの領域で滞りやアンバランスさが起きる可能性があります。学習の遅れがあったり、友人関係がうまくできなかったりして、劣等感が強く、自信が持てない子どもが多くいます。

思春期の子どもにとっては、能力面だけでなく、「普通ではない」ということが引け目になります。「家族といっしょに暮らしていない」ということだけで、普通ではないと子どもは思っています。周りの子ども達はあまり気にしていなくても、本人がそう感じていることは多いのです。虐待を受けていた子どもは、「自分は大切にされない」と思っています。中には「いなければよかった」と思わされている子どももいます。幸せに育てられた子に会うと、その天真爛漫さに引け目を感じてしまう子どももいます。大変な状況を生き抜いてきたすごい子どもと評価されてもよいのですが、どうしても自己評価は低くなってしまいます。

自分の親のこと、出自のことがわからずに、悪い想像をしてしまうこともあります（悪い方に想像しがちなのも虐待を受けた子どもの特徴です）。多くの人は、今あたり前に暮らしている自分の過去に疑問すら持たないと思います。自分が生まれた日の天気など気にならないと思います。出自の定かでなかった子が「自分が生まれた日の天気は」と聞いてきたことがありました。自分が生まれてきたことを、そんなところから確かめないといられなかったのでしょう。「自分が生まれた時、誰が喜んでくれましたか」が次の質問でした。

### ❸ 安定した関係性への希求と猜疑心。確かめざるえない衝動

社会的養護の下で育つ子ども達は、思春期を乗り切っていくための力が弱く、不安定な子どもが多いのです。しかし、大人に頼って相談すると、できないことややりたくないことをさせられてしまうので

はないかと思っている子どもが多くいます。虐待を受けていた頃は、大人は自分を責める、頼ってもいいことはないと思わされる生活をしてきいるので、今の養育者に対しても本当に頼れるか不信感がありますす。しっかり受け止めてほしいけど、見捨てられるかもしれない、頼りたいけど、近づくのが怖いなど、周りの子のように当たり前に頼れない。それでも一人では何ともできないので、目の前の大人が頼っていい人なのか否かを確かめずにはおられません。

よく言われる「試し行動」が出るわけですが、子どもからすると「しないではいられない」という切羽詰まったもので、「人を試す」という言葉が醸し出す「わざとやっている」感じはないと思います。子ども自身ではコントロールできないほどのものだと思ったほうがよくて、「わざと怒らせる、困らせる」というように悪意があると解釈すると、関係がこじれます。なかなか安心できる安定した関係は作れなくて、寄る辺なく居場所もないと感じている子どももいます。

## 2 社会的養護の下で暮らす子ども達を時に追い詰める社会の認識、スティグマ

思春期に入ると、周囲の人の目がより気になり始めます。子ども達に対する偏見が、子ども達の生きづらさを助長することもあります。社会的養護の下で暮らす子どもが、普通ではないと思ってしまう状況を、知らず知らずのうちに周囲の人が醸し出している可能性があります。社会が多様性を認め変わっていくことで、解消されることが望まれますが、まずは身近な私達が理解しておくことが必要だと思います。

以前は「三歳までは親の手で」と言われ、幼少期は実親が育てないと将来悪い影響が出ると言われていました。この説が女性の職場復帰を遅らせた一因ですが、心理学的にはこの説が正しいとは言えません。保育園に預けると成長に問題が起きるのではと言われましたが、多くの研究結果を総合すると、保育園に預けられたことで成長に問題が出るとは言えないこと、家でも保育園でも大きな差がないことがわかっています。

今は、多くの子育ての担い手がいる共同養育のメリットが見直されています。生物学的には危険が少なく、太古の昔から共同養育が行なわれてきました。養育者が死亡などでいなくなっても、代わりに育てる人がいれば子どもは育つことがわかっていますし、実母との関係が悪くても祖母や親族、保育士など他の養育に携わる人との関係がよければ子どもは健全に育っていくことがわかっています。むしろ多くの人の中で育つ方が、社会性が身につくという説もあります。

このことを踏まえると、里親の下や施設で育つことが子どもにとって悪影響が大きいとは言えず、子ども達が引け目を感じることはないということになります。周りの大人がそういう考えをしっかり持つことで、子ども達は引け目を感じることが減ると思います。

## 3　思春期の子どもへ支援

ここまで思春期の説明を書いてきましたが、ここからようやく本題の「思春期援助論」に入っていきます。思春期は個人差が大きく、社会に目を向け、自分に目を向け始める時期ですから、これをすればうまくいくという一律の支援論はありません。周りの支援をえながら、自分で選んで、社会で活躍する準備を整えるのが、思春期の課題です。目の前の子どもの生きづらさを理解し、子どもが主体的に将来を思い描き、そこに向かって行けるように支援することが目標です。

## 1　支援の基本的態度

思春期は、言葉にしにくい感覚に振り回されながら、試行錯誤して成長していく時期です。スマートに生きられない泥臭い時期です。みなさんも、大人になって振り返れば赤面ものの様々な経験を積み、理想通りにいかない自分や他者を許しながら、バランスよい生き方を身につけてきたのではないでしょうか。決して誇れない経験も積んで、いい意味での鈍感さとのんきさ、器の厚さを育んできた感じでしょうか。友人関係も、理屈はこねていても、どちらかというとノリ、波長合わせといった趣が強かったと思います。思春期だった頃のなんとも割り切れない感じを思い出すことが大事です。それを土台にしながらも、自分の経験が今目の前にいる子どもには当てはまらないことを意識して、子どもに寄り添っていっしょに思春期を潜り抜けるというイメージを持てるといいと思います。

思春期の子ども達の持つ大人と関わることの恐れ、わずらわしさ、不信を抱きがちなことを理解することがまず大切です。困っていても、頼りたくても、自分が何を求めているか上手くとらえることができず、稚拙な表現しかできない子ども達です。「こういうことかな」と想像し、子どもに確かめながら、言葉と表現のしかたを教えるような心持ちが大事です。「ちゃんと言いなさい」と言っても、伝える術がないのですから、子どもはむっとするか、しょげることしかできません。そもそも「どうしたいか」すら、はっきり意識できない、希望を抱く力の弱い子どももいますから、選択肢を与えて選ぶというところから、先のことを考える練習をしたほうがいいこともあります。選択をする経験を積むことで希望を抱くことができるようになると思います。

将来への希望は、周りの人への憧れから芽生えることもあります。様々な人に出会い、モデルを見つけることが、思春期の子どもには大切です。養育者は自分一人で何とかしようとせず、子どもが様々な人と関われるようにすることがいいと思います。

うまく解決策が見つからない、好転しているように思えなくても、気長に「何とかなる」という思いでいっしょに過ごすことが大切です。子どもは日々成長していますから、変わらないということはありません。週単位では悪くなるように見えても、年単位では大きく成長するはずです。多少の失敗は成長の糧にできると、大きく構えていることが大切です。

思春期は悩む力、自分を見つめる力をつける時期です。解決を急がず、じっくり悩む時間を与えて、自分で考える力を養うことが大切です。ネットですぐに答えがえられるので、自分で調べて情報の取捨選択をして考えるという力が、育ちにくくなっています。悩むことは大人でも楽しくはありません。そもそも自分のこと、特にできないことを考えることは嫌なもので、一人ではなかなかできません。怒られながら嫌々考えても中途半端な解決案しか出てこないことはみなさんも経験されたと思います。

子どもが不得手を自覚できて、どうにかしたいと思えるように、不得手があることは悪いことではなく、それを補う方法は多分あるし、できない分は誰かの手を借りればよいということを養育者が示すことが、生きていく土台になります。養育者自身ができなくても、他の専門家に頼ればいいので、いっしょに相談に行く心持があるといいのです。学習支援、進路指導、生徒指導、カウンセリング、心理教育など様々な支援が考えられ、それぞれ支援してくれる人達がいます。そして、今困っていること、できないことが、少しでもできるようになることで、自信が持てるようになります。学習面でも運動面でもできなかったことができるようになるということは、どんな些細なことでも自信につながります。小さな成果を積み重ね、前向きに練習することができるようになることは生きる力になります。

## 2　社会的養護を受けている子どもの支援の留意点

繰り返しになりますが、支援のためのポイントをいくつかまとめてみます。

### ❶　子どもが安全感を持てるようにすること

何だかうまくいかず心が弱っている時、何か責められる気がして守りに入っている時には、誰でもできないことや新しいことに挑戦できないですよね。不安定な気持ちをなだめて安心することがまずはないと、前向きにいろいろ考え挑戦することはできません。傍にいれば安心できる人（こういう人を愛着対象と呼びます）、ここに来れば安心できる安全基地、これを持っているとホッとできる物などが必要です。生活の中で安心を取り戻した経験を積むことで、安全基地や安心できる人が生まれてきます。

安心できる生活が基本になります。食事が何時できるかわからない、何が起きるかわからないから眠れないという生活をしてきた子ども達もいます。見通しを持って生活できることが何より安心を生みます。求めればある程度応えてくれる人がいることも安心を生みます。こちらからの働きかけに「ウザイ」という態度の子どもでも、何かを求める気配を見せることはあります。こういう時に応えられることが大切です。いいアドバイスができなくても、失敗しても仕方ありません。むしろ、うまくいかない時にいっしょに工夫することで、考える力、立ち直る力が育ちます。子どもとの関係がぎくしゃくするので、修復する力が養えます。「親がアホやから子どもが育つんや」と言った人がいます。名言です。

自分のことを考えるというのは、馴染みのない世界を覗くような経験です。自分一人で考えるとたいてい堂々めぐりで終わってしまうのは、一歩踏み込めないからだと思います。「本当に心底、反省したと思える経験が今までにどれだけありましたか」と聞くと、一〇回を超えるという人はほとんどいません。踏み込んで自分のことを考えると、過去の嫌な記憶が思い出されたり、自分の嫌な面を意識させられて不快になったりすることもあります。そんな恐れがあるので、自分の内面を覗く時に一歩踏み込めないのだと思います。安心できる人といっしょなら怖さを緩和できる。だからカウンセラーが必要になるのです。

❷ 子どもに目をかけてくれる人達のネットワーク作り

養育者と子どもの一対一の関係が注目されることが多いのですが、密な関係だけが大切なのではありません。特に思春期の子どもではそうです。口には出さないけど、雰囲気を共有したさらりとした関係も大切ですし、子ども集団に居場所があることや、家族や近所の人達との関係も大切です。子どもは、特定の人との関係だけで育つのではなく、様々な人とそれぞれのスタンスで関わる中で育っていきます。必要に応じて人を選んで関わることで、社会性を身につけていきます。

思春期は大人に頼るのが上手くできない時期ですし、特に虐待を受けた子どもは人へ不信があります。周りの大人が気楽に人に頼る姿は、相談する勇気を子どもに与えます。養育者が、仲間に頼ったり、支援機関に気楽に相談したりする姿は、人に頼るモデルになります。児童相談所に相談することもいいですし、児童心理治療施設などの専門機関も利用できるかもしれません。支援機関だけではなく、里親さん同士の付き合いが気楽にできるといいと思います。子どもも養育者もしんどい時に、親戚宅に泊りにいくような気楽さで、誰かに託すことができるといいと思います。子どもも養育者もレスパイトになります。お互いに支え合うこと、辛い時は施設のショートステイが利用できないかなど、頼れる場所、拠りどころを探してつながっていることが大切です。

❸ 役に立っているという感覚が自己評価を高める

役に立っている感覚は、適応に必要だと述べました。人の役に立った経験は自信につながります。赤ちゃんは、笑いかけると笑いを返してもらうというやり取りを養育者と楽しみます。教えられなくてもこうやって人間関係を築いていきます。幼児がトイレで排泄するようになるのは、養育者が喜ぶ顔を見たいからです。お手伝いも同じです。料理ができるようになって振る舞う機会などは、周りの人から喜ばれて、自信につながります。何かできるようになって、人の役に立つという経験は、社会生活の基本を養い、生きていく自信にもつながります。生活技能を増やす手助けは大切です。

### ❹ 過去を振り返ることへの支援

将来を思い描こうとすると、自分の過去を振り返らざるをえなくなると書きました。子どもは、過去を振り返って「なぜ自分がそういう思いをしなければならなかったのか」と考えます。「親が理不尽だったから」と思えるようになるのは、思春期に入ってからで、それまでは「自分が悪かったから」と捉える子どもが多いのです。思春期の子どもでも、「自分が……だったから」と考えている子どもはいると思います。そうではないと強く言えば、親を悪く言うことになって、子どもは嫌がります。悪い親から生まれた自分も悪いということになる、ということもよぎってしまうからです。

大切なことは大変な状況を生き延びてきたことです。その日その日を生き延びるために、子どもは考え、我慢したり、工夫したり必死に過ごしてきたはずです。そのことへのねぎらいが大切です。そして、生き抜いてきた力があるのだから、これからも生きていけるはずだと、将来に向けて希望を持ってもらうことが大切です。

## 4　おわりに

社会に目を向け、将来の自分を思い描く思春期の子ども達は、周りの大人をモデルとして見つめています。最後に、どんな大人に見えると子どもの助けになるのかを考えて、この稿を閉めたいと思います。

社会の変化が大きく、大人も迷いながら生きていく時代です。大人が道を示したり、教えたりできないくらい社会は急激に変わっています。どう生きていくかを子どもといっしょに戸惑い考えることが、みんなで社会を作っていくという姿勢を育てます。

社会は、個人主義、能力主義が進んでいますが、無理も出てきています。自主独立でなく、相互依存的自立という福祉の理念が、大切になってきています。国も、社会が子どもを育てるという理念を打ち出しています。そのためには、「私が」という感覚ではなく、「みんなでお互い、支え支えられ」という感覚が必要です。大人が気楽に人に頼る姿を見ると、子どもは、「大人も頼るんだ」、「頼れる人は一杯いるんだ」と思えて、そういう人達の輪に入っていきたいなと思えるようになります。それが社会参加を促します。

児童養護施設で育つある子どもが、「たくさんの人に世話してもらったから、僕はひどいことはできないよ」と語ってくれました。養育の本質を語ってくれていると思います。様々な人とのつながりがより大切になって、求められている時代だと思います。

## 第9講▼子どもの生きる力へのまなざし・V

# 自閉症スペクトラムを疑われる思春期の子どもへの支援

発達障がいを抱えた子どもの支援に関しては、施設でも学校でも課題となっています。そして、発達障がいの中核的な障がいである自閉症スペクトラム（社会的なコミュニケーションや他の人とのやりとりが上手くできない、興味や活動が偏るといった特徴がある）を疑われる児童が二〇二一年一〇月現在、全国の児童心理治療施設の入所児童の四二％を占めています。男子の半数以上が自閉症スペクトラムを疑われるという状況です。自閉症スペクトラムを疑われる子どもは、人との関わりが不得手で共同生活が難しい。そのために、学校の適応にも問題があるとされてきました。

発達障がいが注目され始めた頃は、施設では自閉症スペクトラムの子ども達を支援することはできないのではと思っていましたが、そうもいっていられないくらい入所の依頼が増え現在の状況になっています。私は発達障がいを専門としてはいませんが、施設で自閉症スペクトラムを疑われる子ども達を見てきた経験から支援について考えてみたいと思います。

## 1　自閉症スペクトラムを疑われる思春期の子どもの特徴

まず初めに、施設の中で見てきて感じる自閉症スペクトラムを疑われる思春期の子どもの特徴をあげてみます。

❶　周りの刺激にも自分の中の兆候にも敏感で、取捨選択が苦手

刺激や兆候をまんべんなく拾ってしまうためまとめて意味を把握することが苦手で時間がかかります。通常の人には無意味な刺激、自分の身体的な感覚にも気分が揺さぶられてしまい、身動きが取れなくなったり、パニックになることもあります。

❷　相手を求めたい気持ちがあるにもかかわらず回避してしまう

接近欲求と回避欲求のアンビヴァレンスが特徴。相手の状態を把握することが不得手で、人に接近すると混乱を生じやすく「自分」が保てなくなることも一因です。

## ❸「自分」という感覚を保つことが難しい。自分が他者によって動かされる不安

思春期に入ると自分という意識が強くなってきます。それまで素直に言うことを聞いていた子どもが、大人の言うことに疑問を持ち、関係が崩れることがあります。

「養育者の指示にいとも簡単に動かされてしまう。さらにその後一層激しい葛藤状態に陥り、行動障碍が誘発されていく」「われわれが彼らに何かをできるように働きかけることは、まさに彼らに「させる」ことを強いることになっていくのではないか」（小林 二〇〇八）ということが、問題になってきます。

## ❹「ノリに乗れないこと」

みんなといっしょを求めるけれど乗れなさがあります。思春期の子ども集団の一体感に乗れずに、違和感が出てきたり、周りから馬鹿にされたりすることが増えます。居場所を与える集団が見つけられると随分違います。

## ❺ 突然怒り出すようなことがある

その場では反応できず、後になって怒り出す場合があります。凍り付いてしまって、しばらくして解けてきて怒りが湧き上がってくるような感じで、過去のことがよみがえることもあります。「仲がよかったと思っていたのに、実は馬鹿にされていた」と過去が急に違う色に見えることも起きます。

❻ リカバリーがうまくできない。場を変えることなどが必要なことも
ショックなことがあると、状況の理解が難しく、自分の気持ちのコントロールもうまくできないので、固まってしまったり、パニックになって立ち直るのに時間がかかります。その状況にはまり込んだかのように逃れられないこともあり、場を変える必要があることもあります。

関係が悪くなると、こだわりが強くなったり、自分の意見を変えられなかったりするので、関係の修復が難しいことが多くあります。

## 2 支援者との関係作り

このような特徴のある子ども達への支援は、特別な技術が必要と思われるかもしれませんが、むしろ基本的なことをどれだけ丁寧に行なうかが大切だと思うようになってきました。大人が自分にとって頼れる存在と思いにくかった子ども達にとっては、まずは、支援者との様々な関わりを通して、支援者は自分の味方で、トラブルになっても介入し何とかしてくれる、支援者のアドバイスは役に立つと思えるようになることが目標です。それは自閉症スペクトラムを疑われる子どもでも同じだと思います。

自閉症スペクトラムを疑われる子どもが増えてきた頃に、児童心理治療施設の仲間達と、児童心理治療施設における自閉症スペクトラムを疑われる子どもの支援を話し合って覚書としてまとめました（高

田他二〇一〇）。以下の文章では、覚書の中から大切なことをあげていきます。

### 1　基本的な姿勢

❶　子どもの言動を深読みしてはいけません

一番言って欲しくないこと、人を傷つけることを的確に言いはなってしまう子どもがいます。学校の先生に「教え方が悪い」と言う子どもは多いのですが、子どものそのような言動の裏に、相手を傷つけようとか、困らせてやろうなどという悪意があることはほとんどありません。思った通りに発言しているだけのことが多いのです。

多くの子どもはいじめられたりしている可能性があります。いじめられた場面で言われた言葉をその場の雰囲気をわきまえなく使っている場合があります。本人の悪気ではなく、どのような言葉を使えば誤解されないかを教えてあげることが大事です。

❷　子どもの体験を言葉にしましょう（善悪にとらわれず、心の流れを言葉にする）

状況を俯瞰《ふかん》することが苦手なので、大人が状況を冷静に説明することも必要です。トラブルがどうして起きたのか、そこに至る思考、感情の流れを押さえていきましょう。子どもがモヤモヤとした感じからわかったような気になれるとよいのです。

例えば、トラブルになった時、「〇〇がこう思ってこう言ったよね、それを聞いてあなたはこう思ってこうしたんだよね。それで……」といったように、時系列を追って、丁寧に言葉にして、心の動きがつかめるようにすることが大切です。

❸ 支援者はわかりやすい人でいましょう

支援者が、自分の考えていることを具体的な言葉にすることで、子どもが理解することを促します。「見てわかれ」、「場の空気を感じろ」は苦手です。

❹ 子どもが指導中に些細なことにこだわってしまい、話がこじれたときは

子ども達は周りの雰囲気につられたり、支援者の感情的な様子に混乱したりしやすいのです。「そんなに怒らなくてもいいじゃない」とか「〜って言った」などと些細なことにこだわりだして、支援者もいらいらしてきます。支援者がその雰囲気を変える言動を取ったり、交代することで、すっと気分が変わり、関係のこじれから抜けられることがあります。同じ調子でぶつかりあうとこだわりが続いてしまいます。

❺ 指導、注意をしたときは終わらせ方に注意が必要です

例えば、目を見て「ごめんなさい」と言ってくれれば終わりにできるのにと思っていても、子どもは目を見ることができず、なかなか終われずこじれてしまいます。これは大人の思い込み儀式のようなも

ので、それに子どもが乗ることを期待してはいけません。伝えるべきことを明確に伝えて、終わらせる工夫をしましょう。

## 2　ルールについて

共同生活にはルールがありますが、自閉症スペクトラムを疑われる子どもの中には他の子どもと同じようなことができないが場合があります。そういう場合の考え方です。

### ❶　その子どもに独自のルール作り

他の子どもがひいきと思わないような文化作りが必要になります。うまく行くと、代わりにたしなめてくれたり、子ども集団が支援の協力者となることもあります。

約束事は図示する、チェック表を作るなど、視覚化することが効果的です。

### ❷　行動を制止するときは、きっちり話しましょう

本人が納得しなくても、すっぱりとルールは守るものと押し切ることが大切です。感情をこめずにジャッジする態度が必要です。駄目なものは駄目と許さないことが大切で、そのためには前もって、ルールであることを伝えておくことが必要です。

### 3　指示の出し方

- 穏やかに、落ち着いた口調で指示を出しましょう。
- 短いわかりやすい言葉を使いましょう。
言葉だけで理解できない時は、図や表を使い目で見て理解できるようにしましょう。
- 具体的な行動を指示として伝えましょう。
例：×「やさしくしてね」→○「座れるように席をずらしてあげようね」
- 複雑で、複数のわかりづらい指示は小分けにして指示を出しましょう。
- 「○○しない」という指示ではなく、「○○しましょう／○○しよう」というように、今取るべき行動を指示しましょう。
例：×「うるさくしないで」→○「静かに座っていましょう」
- やるべきことについて、選択肢をあげて子どもに選んでもらうようにしましょう。

### 3　問題行動を減らすためのシステム

施設生活の中で、自閉症スペクトラムを疑われる子ども達の支援を模索してきた経験から、これからあげるような工夫が話し合われました。個別対応による関係作りを有効にするためにも、システム、場の文化作りが必要です。

### 1　タイムアウトのための部屋を準備する

自閉症スペクトラムを疑われる子どもは、子ども集団の刺激に対する過敏さから、トラブルになりパニックを起こすことが多くあります。そのため、一時的にその場から離れ、クールダウンできる部屋が必要です。それがないと、パニックが長引き、他の子ども達の動揺も大きくなり場全体が不安定になってしまいます。部屋がなくても一時間程度他の子どもから離れられる場所があるといいと思います。

### 2　タイムアウトをルール化する

暴力などの問題行動をなくすためには、子どもが問題行動を起こすと、他児から離れ安静室などに入るなど、ルールを決めることが大切です。ルールを作るためには、

❶ 問題とされる行動の種類

注意されたにもかかわらず、何度も同じ行動を行なったらタイムアウトするなど明確にして示し、

❷ ルールに対する対応の徹底

職員により対応が異ならないようにしましょう。

❸ 子ども達への提示

子ども達には、前もって問題行動を起こせばどうなるかを呈示しましょう。

### 3　職員と子どもが一対一で関われる時間の保障（個人心理療法、担当制など）

何人かが個別の時間を取れるようにしておけば、誰かとうまくいかなくなっても個別の時間が保障されます。

### 4　情報共有の仕組み、すべての職員が実際に子どもと関わるシステム

交代で個別に関わることになります。職員間の情報の共有が大切になるのは言うまでもありません。実際に子どもに関わることで、実感を持つことが大切です。

## 4　子ども集団の作り方

自閉症スペクトラムを疑われる子どもは、状況判断が苦手で集団適応は難しい。それだけに他の子どもといっしょであるという感覚を強く求める姿が見られます。みんなといっしょにできるという感覚が自己評価を高めます。集団生活は、刺激が多く混乱を招きやすい面はありますが、逆に子ども集団の中に居場所を作る支援をすることができる面は、自閉症スペクトラムを疑われる子どもの支援に有効な環境であるとも考えられます。

### 1　子ども集団の中に居場所があること

「あの子だからしょうがないよ」というように、個々の子どものありようを許容するような子ども集団の文化を作ることが大切です。自分も許されたという経験を積むことからこのような態度も生まれると思います。支援者が多様な人のありようを認めることがまずは必要だと思います。その態度を子ども達が取り入れると思います。

また、いっしょに過ごす子ども達の工夫を大切にし、労をねぎらうことが必要です。

自閉症スペクトラムの子どもの支援では、他の子どもと同じようにできないために、その子どもにあわせたルールを作る必要があります。子どもにあわせた対応に対して、他の子ども達が「ひいきだ」というような思いを持たない文化作りが必要です。

### 2　趣味や技能を媒介にした集団作り

スポーツやゲームのマニアックな知識も認めて受け入れてもらえる集団があるとよいですね。行事などを利用して、五～六人の集団に入れるとうまくいくことがあります。凄いと思えるモデルになる人に出会うと、その人の言うことをどんどん取り入れようとして、社会的な技能も身につけるようになることもあります。自閉症スペクトラムの子どもは、責められることがなければ人を責めないというところがよいところで、人を責めないルールを作ることが必要です。ただし、フットサルはルールが単純なのでよいのですが、身体接触でもめることがあります。女の子の集団作りは難しいものです。イラスト同好会のようなものはうまく行くこともあります。

## 5　動機付け、目標決め

自分にとって「こうなるためにここにいる」という動機付けは大変重要です。家庭と違う環境の中で過ごすことの戸惑いや不便な感じはとても大きいものです。環境の変化に対する適応力の弱い自閉症スペクトラムを疑われる子どもにとって、不安は特に大きくなります。自分の将来のためにここで過ごす必要があるということが理解できてはじめて、様々なルールを守って過ごしていこうと思えるようになります。思春期に入ると「何故自分はここにいなければいけないのか」という疑問が強くなることも多く、繰り返し支援を受ける意味を子どもが確認することが必要になります。

職員が振り返り面接などで、目標に向けてできたことを認め、自信を持たせていくような関係が持てるかが支援の鍵となります。

## 6　施設の事例を通して

### 1　事例A・中一男子

Aは友達を作ろうと近づいていくのですが、周囲の雰囲気にそぐわない言動や気を引くためのちょっかいなどが多く、誰とも付き合えず所在なく廊下や食堂を行き来する様子が見られました。周りの子どもにつられてふざけが高じ、職員に注意されると被害的に受け取り暴力を振るったこともありました。自分がした行為を振り返るために職員と二人になることには不安があるようでできません。このような思春期の自閉症スペクトラムを疑われる子どもは多いと思います。他の子の雰囲気についていこうとして高ぶることも多いため、一人でいる時間を大切にするようにAにも指導していました。

そんなAもカードゲームを通して他の子と遊べるようになりました。そうなるとカードにこだわり、カードの交換は禁止という施設のルールを無視し、他の子にカードを配るようになりました。なんで悪いのかと言って注意には耳を貸しません。一方、施設の学校には当初頑張って通っていましたが、ついていけないと言えるようになり、休むようになりました。その後、家にいた頃の様子を職員に語るようにもなってきました。

中三になり、ある子と仲よくなり、夜中に隠れて過ごすようになりました。他の子どももそこに加わり発覚しました。Aは「僕が中心になって」と他の子をかばうような発言をしましたが、他の子はAに付き合ってという思いはそれほどなく、ズレを感じざるをえません。他の子はすんなりと非を認め指導に従いましたが、Aは職員への反発を強め、職員への暴力を機に自宅に戻ることになりました。仲よくなった子との関係については「初めて自分のことを話せる友達ができた」と語っていました。

自宅での生活を始めるにあたり、施設（担当者と施設長）、児童相談所（担当福祉士と係長）で協議を行ないました。Aのできない面を治すというよりも、進学してアルバイトがしたいというAの思いを大切に膨らませ、生活が送れるようにどう働きかけるかを話し合いました。児童相談所から親に、Aと将来何が必要かを話し合ってもらうように求め、できれば働くことがイメージできるように親自身の体験から話して欲しいと頼みました。Aとは、働くためにはどんな生活をすることが必要かを考えて、日課を立て、児童相談所、施設に定期的に来所して生活の様子を報告することを約束しました。

家に戻ると、生真面目に予定を守って過ごしました。それまでは大人が言ったことは記憶に残らず、話題が逸れてしまって疎通性がないという評価でしたが、「前に先生はこう言ったよね」「だから、こうなんだよね」とつながりを意識できるようになりました。

家から施設内にある学校に通い始めましたが、「（周りの子にあわせるために）調子に乗ってしまいそうだから」と無理せず参加授業数を限って過ごし卒業しました。

Aは、友達集団に近づくもののそこに居場所ができるほどにはならず、集団から離れるということを繰り返していました。人間関係が苦手だからといって孤立することで満足することはなく、人とつながりたい思いが強いことは確認しておくべきことです。友達になりたくて、ルールが軽視されてしまうこともあります。カードゲームのエピソードにも後の夜の密会事件にもその傾向が見られます。自閉症スペクトラムのタイプとして「自分が中心にことを動かしている」と気が大きくなるような「自我肥大型」（橋本 二〇〇九）がありますが、「僕が中心になって」夜会っていたという言葉の中にそのような心性が感じられます。大切な友達関係を邪魔する職員を敵と認知してしまい、それまでの職員との関係はなかったかのようになってしまうのも特徴です。

友達関係ができ学校の参加授業数が増えていくと、どこかしっくりしない感じになり無理をして疲れてしまいました。集団についていけなくて、居場所がないという感じになったのでしょう。集団に近づくほど「自分が他者によって動かされる不安」が強くなったり、集団の凝集性が高まっていくにつれて生じる「即興のルール＝ノリ」にあわせられなかったりして、ヘトヘトになったことも推測されます。

思春期特有のノリについていけないことを受け入れられると、落ち着いてきました。今度は、大人へ近づくようにもなり、自分の過去を話すことも出てきました。そして、また友人関係に向かうという経過を辿っていきます。

自閉症スペクトラムの子どもは気まずくなると、頑なになりこだわりも強くなるため悪循環に陥ってしまいます。その気持ちを立て直すことも苦手で、気まずい環境から離れることで、気持ちを立て直す必要もあります。前述のようにAは夜の密会事件を契機に職員と気まずくなって、施設に居づらくなってしまいました。

思春期の子どもにとって、将来の不安は大きいものです。そこを関係者で確認し支援のネットワークを作り、Aの目標と生活の中ですべきことを共有しました。家では、親をモデルとして将来働くためにどうすればよいかを考え行動するように指示し、児童相談所、施設に通いその報告をすることにしました。Aにとっては何を求められ何をすればよいかがわかりやすく、将来につながる感覚をもてたのでしょう。帰宅後は、規則正しい生活リズムが保たれ、児童相談所への来談に遅刻することもなかったのです。このような真面目さは自閉症スペクトラムの子どもにしばしば見られるもので、もう少し遊び（揺らぎ）があってもいいと思うほどでした。つながりのある話しができるようになったのは、生活が構造化されたことに関連しているようです。「自閉症スペクトラムの特質は「不適応」のときに際立ちやすい」（青木 二〇一〇）。逆にゆとりをもてれば能力が発揮されることは多く、機能している時間を長く経験できるようにすることが支援の目標でしょう。

## 2 気持ちを立て直すための支援

自閉症スペクトラムを疑われる子どもは、集中して何かをしている時はいいのですが、自由時間など何をするか決まっていない時間は、些細な刺激に揺らされやすく落ち着かないようです。「何かすることがないと疲れる」と言う子もいます。人と関わりたいけれどどう話しかければよいのかわからず、所在なくふらふらすることも見られます。一人で集中できる趣味がある子どもは、落ち着かなくなったり、誰かと気まずくなったりしても趣味の世界に浸ることで、自分の気持ちを立て直せることがあります。〇〇博士と言われるようなこだわりの強い趣味でも、あると救われます。

ある子どもは、バタバタと一所にいられずに動き回っていましたが、職員にそばにいることを勧められ、職員の手伝いをするようになりました。生真面目さを生かしてコツコツと確実に手伝いをして褒められるようになり、また、同室の落ち着いて過ごす年長児の様子を真似するようにもなりました。手伝いを通した職員との関わりや同室の子を真似ることで、穏やかな時間を積み、一人でもそのような穏やかな気分を保つ工夫ができるようになったと思います。自閉症スペクトラムの人には、人の様子に影響を受けやすく「自分」を失いやすい傾向と裏腹に、モデルを主体的に取り入れることのうまさがあります（綾矢二〇〇八）。集団で過ごす環境はその面が生かされやすい環境です。

自室で気持ちを立て直したりできず、生活フロアからタイムアウトする必要のある子どももいます。中には、一時保護所を利用して、施設から離れて暮らすことで気持ちを立て直す子どももいます。「施設の生活を見直すために一時保護所に入る」と場を変えることの意味を実感している子どももいます。施設、一時保護所、家庭と居場所が複数あることが望まれます。家庭だけでとか一カ所で収めることが望まれがちですが、子どもによっては積極的に居場所を一時変えるような支援が有効です。

## 3　事例B・こじれた関係を修復するための支援

自閉症スペクトラムを疑われる子どもは、相手の様子やタイミングをはかって話しかけることが苦手です。関わりのきっかけをどう作っていいかわからず、ちょっかいを出すことで関わろうとすることがあります。気まずくなってもやり方を変えたりすることができず、こじれることがあります。子どもの様子からは、不器用なまでの生真面目であることや、裏表なく文字通りの思いが表現される印象があります。あまりの直な感じに戸惑ってしまうこともありますが、子ども達の行動に裏はないと思います。このような子どもと関わる戸惑いを示すエピソードをあげてみます。

Bは担当職員に何の前触れもなく「先生ポテチ食べる」と言ってきました。あまりにストレートに話しかけるので、担当職員はBの意図を読もうとしました。「えっ、どうして」と聞くと「食べて欲しいから」。「えっ……」担当職員は、自分がポテチを嫌なことを他の子どもがからかってくる時のように、わざと持ってきたと、考えました。場の雰囲気が悪くなり、Bは離れていきました。些細ですが、このようなエピソードの積み重ねから、お互い構えるような関係になってしまうことがあります。関わる大人が自分の感覚から、いらぬ悪意などを邪推しないようにする必要があります。そして、関係がこじれてしまった場合、関係を修復する支援が必要になります。

　Bは、放っておけないところがある子で、担当以外の職員も気にかけ話し込んだりすることもありました。ある時、「担当を替えて欲しい」と施設長に話にきました。聞くと、「外出のときに行きは寄り道をするなといわれたのでしなかったけど、帰りについては誰も注意しなかったので寄り道をした。それを指導されて謝ったが、帰りは注意されていないという思いは聞いてもらえなくて納得できない。それから話しかけづらくなったので担当職員を変えて欲しい」ということでした。

　担当職員については、「店員のような応対の仕方が不満だ」と言うので、いつから気になり始めたかを聞くと、「最近」と答えました。「何でそう思うようになったんだろう、君は何が変ったのかな」と問うと、「前は人の気持ちとか全然考えてなかった。イライラしてすぐ殴ったりしていた。今は少し相手の気持ちを考えるようになった。成長したと思う」と胸を張って答えてくれました。担当職員の応対の仕方について「自分の気持ちを考えてくれているか気になりだしたの?」と聞くと「そうだと思う」と頷きました。「人の気持ちを考えるようなったらしんどいでしょう、その方がよかった?」と聞くと、問いかけの意味が理解できなかったようで、「よくなったと思う」と答えてくれました。

担当に話しかけられないというので、手紙を書けばと言うと「どう書いていいかわからない」と言います。そこで、施設長が書いた下書きを目の前で写させました。本当に字を書き慣れていないようで、汗を書きながら絵を写すように書いていました。学習上のつまずきも自閉症スペクトラムを疑われる子どもには多く見られます。Ｂが書いたものは施設長が渡すと伝え、Ｂには下書きを渡して終えました。翌日には担当職員の横で甘える姿が見られました。立派な応対ができる面と手紙を書くことすらできない面とアンバランスが大きいのです。「担当職員に話しなさい」で終えてしまうところですが、それでは関係のこじれは修復できず、関係を切ってしまうような思いにまで至ってしまいます。当人同士に任せるのではなく、周りの人が関係を取り持つこと、また、手紙など関係を修復する方法を具体的に丁寧に示す支援が必要です。

## 7　自閉症スペクトラムを疑われる子どもが求めているもの

自閉症スペクトラムを疑われる子ども達は、周りの人と同じような行動を取れないことがあります。ドナ・ウィリアムズ Donna Williams（一九九三）が取材者に対して「握手を求めないようにしてください」、「抑揚のある話し方は控えてください」などと要望したように、常識的とされる関わり方でも混乱の元となるので配慮が必要です。自閉症スペクトラムを疑われる子ども達が求めるものは、「私の状態に合わせた関わり方をして」、「不得手なものを抱えながらも生きていく力を与えて」ということでしょう。「普通になりたい」と関わりを求める思いが強く、集団のルールにあわせようとするし、公平であることにこだわります。しかし、他の子どもと同じように集団に溶け込むことは難しく、適度に集団に入りながら他の居場所、拠りどころも作るというような支援が必要です。

家庭という居場所がしっかりできれば、親子関係を基盤に育つと考えられていますが、家庭においても「気持ちを立て直すための支援」、「こじれた関係を修復するための支援」のために、家庭の外に頼れる拠りどころや頼れる人のネットワークを作っていくことが望まれます。状況に応じて彼らが場所や人を選べるような環境が、子ども達に穏やかな社会参加を促すことにもなるでしょう。

「変化が緩やかななれたモノとの関係や、暮らしを共にしているよく知るヒトとの関係においては、せかされることなく、大量の情報を一つひとつ確認し、意味を把握することができる。何年もかけてじっくりと育てる人間関係ならばむしろ得意なのだ」と綾屋（二〇一〇、一〇五頁）は書いています。

家庭で養育者とじっくりと関係を育てるためにも家庭を支えるシステムは必要です。

# 深刻な虐待を受けた子どもの心模様

心は、人が周りの世界や自分の中に起こっていることをどうとらえて、感じ、認識するか、そしてどう振る舞うかを決める働きをしています。では、虐待を受けること、虐待的環境の中で生きていくことは、心にどのような影響を与えるのでしょうか。私が働いている児童心理治療施設（情緒障害児短期治療施設）の子ども達の言動から、虐待を受けた子ども達の心について考えてみたいと思います。

## 虐待を受けた影響

はじめに、虐待行為が行なわれた時に子どもが感じることを想像してみます。虐待を受けているその場では、文字通り言葉にならないような大きな衝撃から、パニックになったり、逆に感情、感覚を麻痺させていることも多いため、何かを感じる余裕がないことが多いと思います。後になって振り返っても、親から虐待を受けたとは認めたくない気持ちや、言葉にできない身体の中に渦巻く感覚や情動が混沌と入り混じって感じられていると想像されます。

時がたってから言葉にできることもあるのでしょうが、なんとも表現できない不快な感覚を抱えたままでいることも多いと思います。混沌とした思いをあえて言葉にして分けてみると、親から暴力を受けた時の恐怖やその場を逃れられない無力感、生きていくためには頼るしかなくこれからもいっしょに暮さなければならない親から傷つけられたショック、大切にしてもらえない哀しさ、親がいつまた自分を傷つけるのではという得体のしれない恐怖などが想像されます。また、話しかけても無視されたり世話をしてもらえない時や、DVなどの怖い場面から救ってもらえない時は、存在を否定されたような悲しさ、憤り、あきらめなども味うでしょう。

そして、繰り返される虐待は、発達に悪影響を与えます。通常子どもは、怖かったりつらかったりした時に慰められた経験や、自分が働き掛けたときに周りが丁寧に応えてくれた経験から自分が大切にされた思いを抱きます。その経験の積み重ねから、自分の暮らす世界は安全で安心できるという感覚を持ちます。そして、「たいていのことならなんとかなるさ」という感覚に支えられ、人と関わってみたい、周りの社会のことを知りたいという好奇心をふくらませ、いろいろなことを主体的に学び、社会の一員として育っていくことが、子どもの望ましい姿です。世界に開かれているわけです。

しかし、繰り返し虐待を受けた子どもにとって周りの世界は、恐怖に満ち人は自分を脅かすかもしれないという不信感に彩られたものになってしまいます。不吉なことが起きそうな怪しげな色合いで塗り込められたように世界が見え、寄る辺なくうすら寒くゾワゾワする感じや、様々な感覚に翻弄され自分がバラバラになりそうな落ち着かない感じを抱えていると想像できます。

そして、やられるかもしれないといつも警戒し自分を守ることに専念するようになります。今自分に害が加えられそうか否かを直感的に察知しようとする姿勢が発達し、過敏になっていきます。人の言動を深読みし、悪意を探ろうとすることもしばしばあります。自分を守るために周囲や人の様子を窺うことはあっても、好奇心から誰かと関わろうとしたり、新しいことを知ろうと探索することは難しくなります。

一度危険を感じると戦闘的になったり、逃げ腰になったりして、落ち着いてその場に対応することが難しくなります。子ども同士の関係でも、自分の思い通りに相手が動いてくれないと相手が攻めていると感じてしまうようで、相手を思い通りに動かそうとして命令口調になったりします。うまくいかずイライラして相手を責めるためにすぐにトラブルになってしまいます。大人の優しい声かけやアドバイスなども自分に向かって責めてくるものと感じてしまいがちです。勉強を教えてもらうことも責められることに感じることもあり、学校などで新しいことやできないことをやらされそうになると激しく反抗する子どもは多くいます。その結果、学習が滞ってしまい、学力も低くなるため、自己評価が低くなり、学校の適応も悪くなってしまいます。このように、人との関係もうまくいかず、学習も進まないことから、社会の中でうまくやっていく力が身に付かないようになってしまいます。

## 子どもの言葉から

実際の子どもの言葉から、子ども達の心を想像してみましょう。深刻な虐待を受け、「どうしてルールを守らなければいけないのか」ときっぱりと口にしていた子どもが、数年の施設での生活を経て語った言葉です。職員は裏では悪意を持っているはずで、それを暴こうと思っていたそうですが、「自分だけが（職員を）罠にかけようとか訴えようとかしているのが馬鹿馬鹿しくなっちゃった。職員達は平和でのんきそうで仲がいいのは変わらないのに」と語り、同時に「人を信じていられれば楽なのに、その人とニコニコしゃべっていてもさ、その人が裏切るかもっていう疑いが必ず頭に湧き起こっちゃうんだ。しんどいよ」と訴えました。バースデイケーキを囲みながら「こういう幸せな時に人殺しが来るんじゃないかといつも思っちゃう」とも語っています。

職員の世界が「平和でのんき」であるのに対して、この子どもの世界は「幸せな瞬間は続かず災難が起き、人は必ず裏切る」世界です。何年も職員と暮らしていて、ようやく職員の世界を信じようとしはじめ、それでもできないという葛藤を抱えていることが読み取れます。

次にあげるのはある子どもの「学園を思い出して」という詩です。

嬉しいときに　笑い
悲しいときに　泣く
そんなあたりまえのことが

あたりまえのようにできる
人間にあこがれていた
なんでもないようなことが
人生を変える瞬間だった
永遠に続くような気がしてたけど
未来をだきしめよう　と
走り始めてから
時は　ゆっくりと　確実に
『思い出』を刻んでいった
過去は　後ろに　流れだし
「ふりむくな」　と　叫んだ
好きなものを　大切にする気持ち
ずっと守り続けて
忘れたくないから

あたりまえの人をあこがれるほど、この子の世界はネガティブで、未来が抱けず、今のつらい状況が変わらない、時間が流れないかのような停滞した閉塞感の中にいたことがうかがえます。今日はどんな面白いことがあるかとワクワクして朝を迎える子どもと比べて、いかに希望がなく重苦しいかが読み取れます。

## 虐待を受けた心を癒すためには

二人とも数年の施設での生活で、自分のいる世界が、自分が思ってきたような世界と違うことがわかり、徐々にいわゆる普通の人と同じようになりたいと思うようになって、虐待の影響を強く受けていた心模様を言葉にできるようになったと思います。「平和でのんきそうで仲がいい」人達に囲まれ、「なんでもないようなこと」が、子ども達を変えたことを教えてくれています。

虐待を受けた子ども達の支援では、まずは安全な環境に身を置き、安心を感じられるようになることが、大切だと指摘されていますが、この二人の言葉もそのことを教えてくれています。

第11講▼「児童虐待問題」へのまなざし・Ⅱ

# 日本の親子虐待

**……………なぜ虐待にいたるのか……………**

## はじめに

親子関係、子育ての難しさが浮き彫りになる問題の一つに児童虐待があります。児童相談所の児童虐待に関する相談対応件数は毎年増え続け、二〇二〇年度は二〇万件を超えました。「児童虐待の防止等に関する法律」が施行され児童虐待問題に本格的に取り組み始めた二〇〇〇年度の一〇倍を超えています。また、児童虐待で死亡した子どもの数は、二〇一九年度は七八人（うち心中が二一人）です。児童虐待に関しては報道等で取り上げられ、家庭の養育能力の低下、子育て支援の重要性など様々な議論がされています。本章では、児童虐待から見えてくる親子関係、子育てについて考えてみます。

# 1　児童虐待とは

## 1　児童虐待の定義

児童虐待は、「児童虐待の防止等に関する法律」によって、保護者（親権を行うもの、未成年後見人その他の者で、児童を現に監護するものをいう）がその監護する児童について行なう行為で、次のように定義されています。

一　児童の身体に外傷が生じ、又は生じる恐れのある暴行を加えること。
二　児童にわいせつな行為をすること又は児童をしてわいせつな行為をさせること。
三　児童の心身の正常な発達を妨げるような著しい減食又は長時間の放置、保護者以外の同居人による前二号または次号に掲げる行為と同等の行為の放置その他の保護者としての監護を著しく怠ること。
四　児童に対する著しい暴言又は著しく拒絶的な対応、児童が同居する家庭における配偶者に対する暴力〔配偶者（婚姻の届出をしていないが、事実上婚姻関係と同様の事情にあるものを含む。）の身体に対する不法な攻撃であって生命又は身体に危害を及ぼすもの及びこれに準ずる心身に有害な影響を及ぼす言動をいう。〕その他の児童に著しい心理的外傷を与える言動を行うこと。

一が身体的虐待、二が性的虐待、三がネグレクト、四が心理的虐待です。

三の中の、「同居人による……」は、親族や内縁の人など保護者ではない同居する者による身体的、性的、心理的な虐待的行為を放っておくことは保護者のネグレクトであるという意味です。また、四の「配偶者に対する暴力」は、DV（ドメスティック・バイオレンス）を子どもに目撃させることも心理的虐待になるということです。

ここで注目したいのは、この二点は二〇〇四年の法改正によって加えられたということです。このように何を児童虐待とするかは変化します。実際にDVの目撃が心理的虐待に加わったことで、虐待相談件数が増え心理的虐待が虐待内容の中で一番多くなっています。また、児童虐待は保護者によるものに限られています。一般に親権者が保護者ですから、児童虐待は通常親のみの問題で、祖父母などいっしょに子育てをしている人が責任を負うことにはなっていません。

そして、大事なことは、児童虐待かそうでないかを誰が決めるかです。いじめは、被害者がいじめられたと感じればいじめとなります。しかし、児童虐待は、当事者ではなく主に児童相談所などの公的機関が認定するものです。ですから、保護者は虐待と思っていないのに児童相談所が虐待と決めつけたということが起きます。しつけとか教育方針だからといって、子どもに何をしてもいいわけではないということが児童虐待防止の主旨なのですが、保護者の思いに反して虐待を行なったと見なされることで、本来子育てを支援する機関と保護者が対立したり、関係がこじれたりすることがあります。

## 2　児童虐待が注目されるようになった背景

児童虐待は増え、家庭の養育能力が落ちていると言われます。昨今の児童虐待報道からイメージされるように、子どもの権利が奪われるようになったから歯止めをかけるために法律で規定しなければいけなくなったと考えがちですが、本当にそうでしょうか。人類学者のハーディー hrdy（二〇〇五）は『マザー・ネイチャー』で、歴史の中では、子捨て、子殺しは珍しくはなかったことを示し、「母性があるのだから子どもを傷つけるなどはあり得ない」というのは神話に過ぎないと述べています。そして、子育ては母親だけでするものではなく、「共同養育は――母親と幼児の生存と生物学的適応性という点からすれば――おしなべて良好か、すくなくとも総合的には他の選択肢に対して好ましいという結果が出ている」と、子育てには周囲の支援が必要であると述べています。

日本でも、戦後まで貧困などの理由で間引きや子捨てが行なわれてきました。高度経済成長期を経て生活水準が上がり、電化製品の普及などで家事労働が軽減したことで、子育てに力を注ぐ余裕が生まれ、子どもの人権に目を向けられるようになりました。施設や学校であたり前のように行なわれていた体罰が禁止され、もはやそれに疑義を唱える人もほとんどいなくなったのも、子どもの人権擁護の意識が社会全体として高くなったからです。

滝川（二〇〇八）は、「ほんの三、四十年前と比しても現在の子ども達はずっと大事に守り育てられ、地域の中でも非常に安全に暮らせるようになっている。子ども達自身も穏やかに育ち、めったに破壊的・破滅的な逸脱に走らなくなった」と、子どもが殺された事件の急減（八〇年代初頭には三百件近くあったものが現在百件未満）、少年犯罪の減少（少年による殺人がかつての三〜四百件から八〇件前後）をあげて、説明しています。

このように、社会が子どもにとっての最善の利益を考えていこうという流れの中で、児童虐待は注目を集めるようになりました。子育ての質が落ちたから法律で子どもを守らなければならなくなったわけではなく、子育てに求められるレベルが高くなったということです。しかし、この変化は大変速く、親世代がついていけなくても不思議ではありません。社会がめざす人権意識の高い保護者になるには努力が必要です。極端な例で表現すると、言いつけを守らないと殴られて育てられた人が殴らない子育てを求められても、暴力に頼らない言葉によるうまい子どもへのしつけ方がわからないといったことも起きてきます。子育てをする保護者としてはより戸惑う時代になったと思います。

また、子どもに最善の利益をという考え方は、子育てに時間的、経済的な余裕ができたことでできるようになったことですから、様々な理由で子育てに余裕の持てない保護者にとってはハードルが高いものになります。子どもの貧困、経済格差が問題となっている現在、生活が苦しい保護者は少なからずいて、社会が求めるレベルまで子育てに手間をかけられず、「ひどい親」という評価を受けてしまうことが起こることも考える必要があります。

### 3　虐待という言葉の弊害

滝川（二〇一二）は「「虐待」という呼称自体、当事者の子どもやその家族への思慮を著しく欠いたものですね。……この現象を「虐待」と命名する私たちの姿勢が、防止どころか、問題の解決をいっそう遠ざけている」と述べています。「虐待」という言葉は、酷いことをわざとするというニュアンスが強く、悪い保護者という印象を与えてしまいます。保護者と子どもがそれまで積み重ねてきたよい経験を否定してしまい、保護者や子どものプライドを傷つけてしまいます。さらに、子どもに手をかける余裕がなく虐待とされる行為にいたってしまった親ですら、悪い親で責めを負うべきという印象を強く与えてしまい、子育ての支援が必要な人という捉え方を社会ができがたくなっています。

## 2　児童虐待問題の実情——児童相談所の二〇一八年五月後半の二週間の調査から

実際に、児童相談所が関わっている児童虐待の実態を見てみましょう。これからあげる統計は、二〇一八年五月一四日から五月三一日の二週間に児童虐待相談として全国の児童相談所が受理したすべての事例七六三六件についての調査（森田二〇一九）からのものです。保護者本人からの相談は二・四％、児童本人からは〇・六％で、残りは警察（四六・四％）、近隣知人（一八・五％）、学校（八・二％）などからの通告です。図1に示したように、受理した事例七六三六件の中で虐待と認定されたのは、七七・一％（五八八六件）。不明（調査中）五・四％、虐待無しは一六・六％でした。

ただ、通報する前にその家に「大丈夫ですか」と声をかければ保護者の困っている様子がわかって、

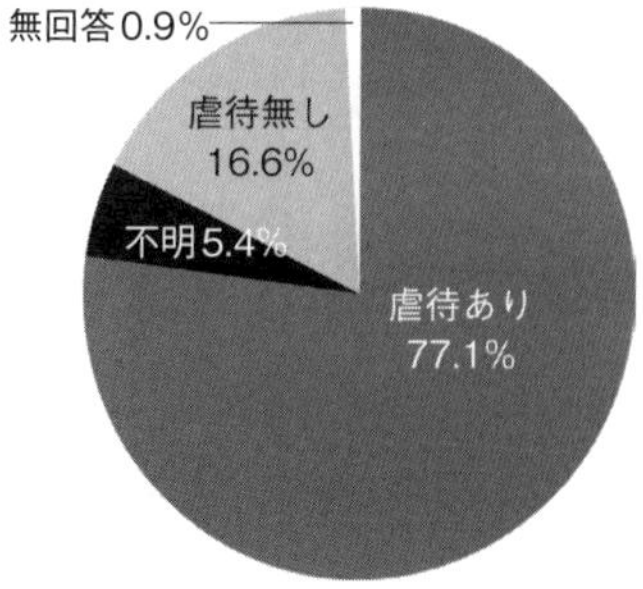


図１　虐待の有無

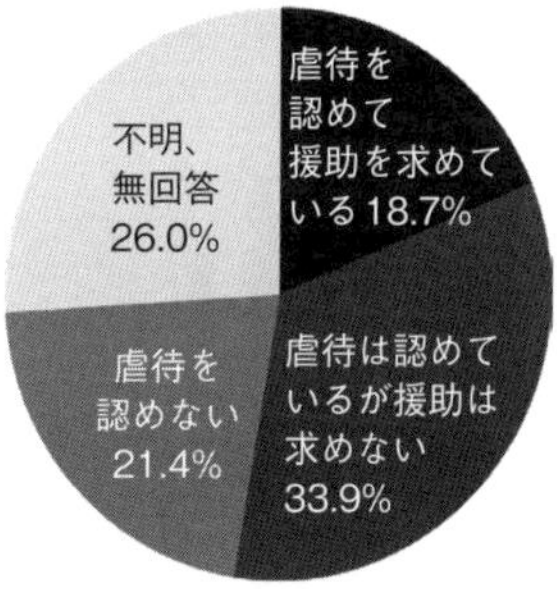


図２　虐待者の態度

〈図１、２ともに森田（2019）より髙田が作成〉

「虐待」を疑わずにすむ事例もあります。よく言われる地域による支えが機能しなくなっていることもうかがえます。虐待があるとすぐに保護しなければならないというわけではありません。虐待ありと調査中の六三〇〇件の中で、一時保護された子どもは一三・四％、一時保護された後に施設入所、里親委託になっている子どもは五％です。多くの子どもは家族の下で暮らしています。

　虐待に該当した六三〇〇人の主な虐待内容別の内訳は、身体的虐待二二・七％、ネグレクト一八・六％、性的虐待一・〇％、心理的虐待二三・七％、ＤＶ目撃三三・五％。同居人の虐待を放置した場合（二％）がネグレクトに含まれています。

　虐待を受けた子どもの年齢では五歳までが四一・一％で、一歳未満は六・三％で、乳幼児への虐待が多くなっています。

　虐待をしたとされた保護者はどのように感じているのでしょうか。二〇〇八年度の同様の調査では、虐待を認めない事例が認める事例より多かったのですが、二〇一三年四月から五月の調査では、虐待を認める事例の方が認めない事例より多くなり、二〇一八年も同

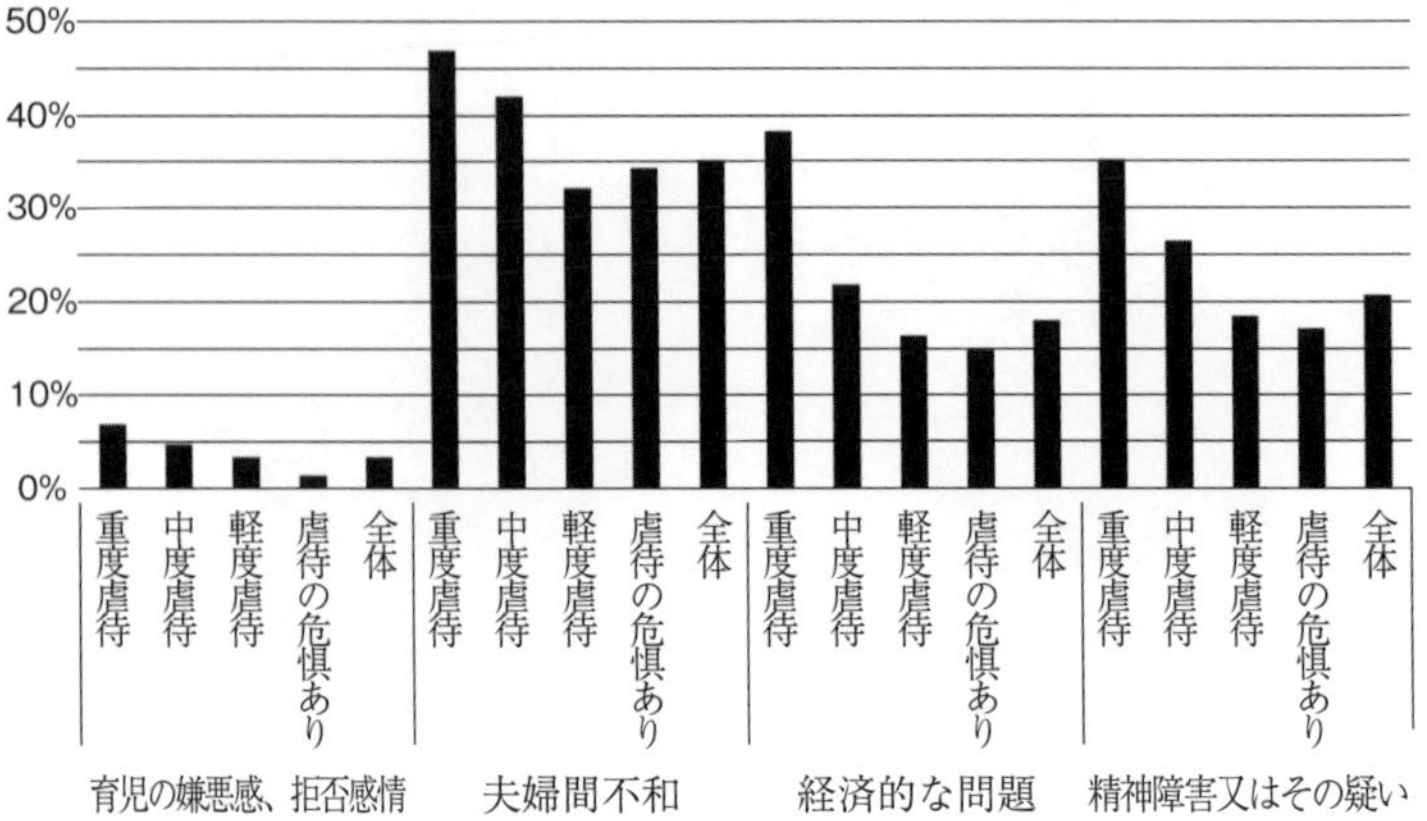


**図3　虐待者の抱える問題**

〈森田（2019）より高田が作成〉

様です（図2）。そして、虐待を認め援助を求めている事例が二割弱あります。昨今報道される極端な事例からイメージされるひどい保護者というよりも、援助を求めるほど困っている保護者というイメージが浮かんできます。

虐待をしたとされた家庭六三〇〇件中、一人親家庭が二六・〇％（一般は七％）です。養育に携わる大人が少ない場合、虐待が起きやすいという当然の傾向が見られます。

図3に示したように、二割弱の保護者が精神障害の疑いがあり、経済的な困難が一七％の保護者に見られます。生活保護を受けている家庭は一〇％で、子どものいる家庭の受給率一・四％の七倍以上になります。放置など監護を怠った（ネグレクト）とされた保護者の二四％が生活保護を受けていて、貧困との関連が推測されます。さらに、経済的な困難と保護者の心身の問題は重複して起きていることが多いことが報告されています。

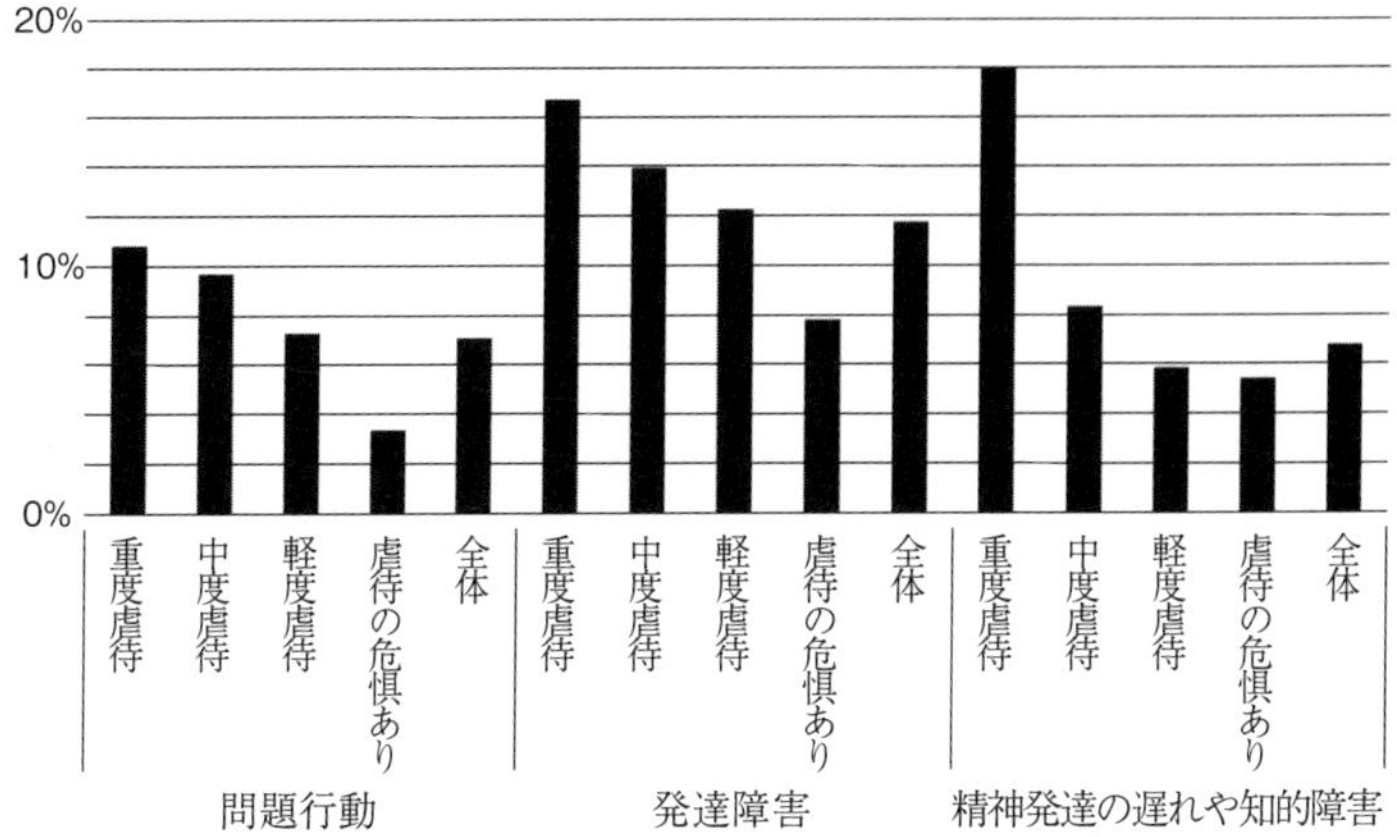


**図4　子どもの要因**

〈森田（2019）より高田が作成〉

虐待の程度が中程度、重度になると、経済的問題や何らかの心身の問題を抱えている率が増えていきます。様々な面で生きづらさを抱える保護者が多く、生きづらいほど虐待がひどくなるという傾向が窺えます。一方、育児の嫌悪感、拒否感情が顕著な保護者は三%程度で、子どもが嫌いだから虐待をしているということはほとんどないことがわかります。

子どもの育てにくさもあります（図4）。生育歴等の状況で問題がないが四三・四%、不明が二五・五%で、何らかの問題が疑われる子どもは三一・一%います。「精神発達の遅れや知的障害」が六・六%、「発達障害の疑い」一一・四%、「問題行動」が六・九%に見られます。虐待の程度がひどくなると、問題を抱える子どもの割合も高くなり、虐待と子育ての難しさの関連が見て取れます。身体的虐待では何らかの問題を四六・七%が抱えていて、しつけが難しくて手が出てしまったという姿が浮かんできます。

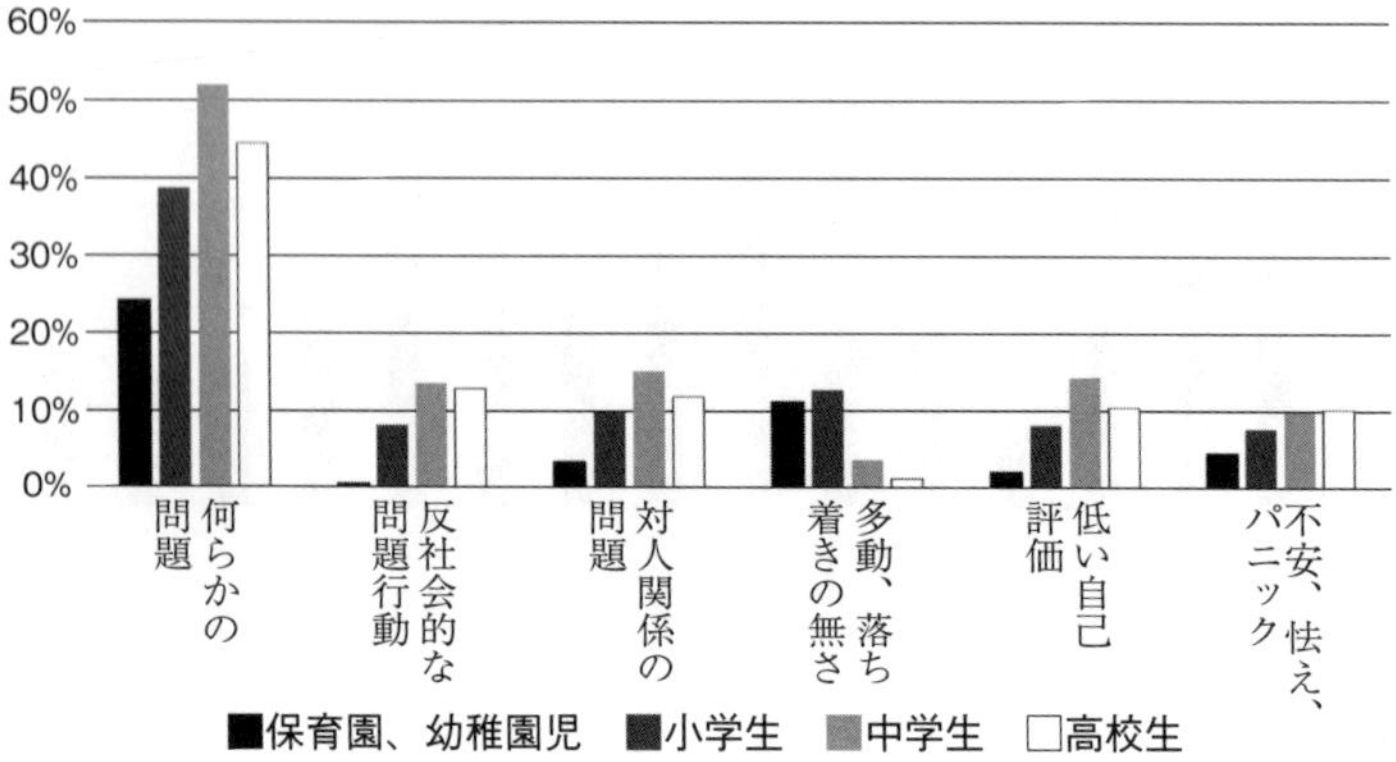


**図5　子どもの学齢と問題の発現率**

〈桜山（2014）より高田が作成〉

## 3　子どもへの影響と支援

虐待が子どもに与える影響については、多くの書籍でも指摘されています。特定の症状が表れるというよりも、身体の成長、脳の発達、知的な発達、対人関係の問題、情緒面の問題など心身の発達の多岐にわたり影響を与えることが知られています。

前述の森田（二〇一九）の調査と同様の五年前の桜山（二〇一四）の調査データによると、虐待を受けたことで何らかの問題が表れた子どもは中学生で四割以上になります（図5）。小学生までは多動や落ち着きのなさが見られますが、中学生になると減り、反社会的問題行動や不安や怯え、パニック、低い自己評価などの心理的な問題が増えてきます。

子どもが虐待を受けたことをどう感じているかを森田（二〇一九）で見ると、「不当にひどいことをされた」と感

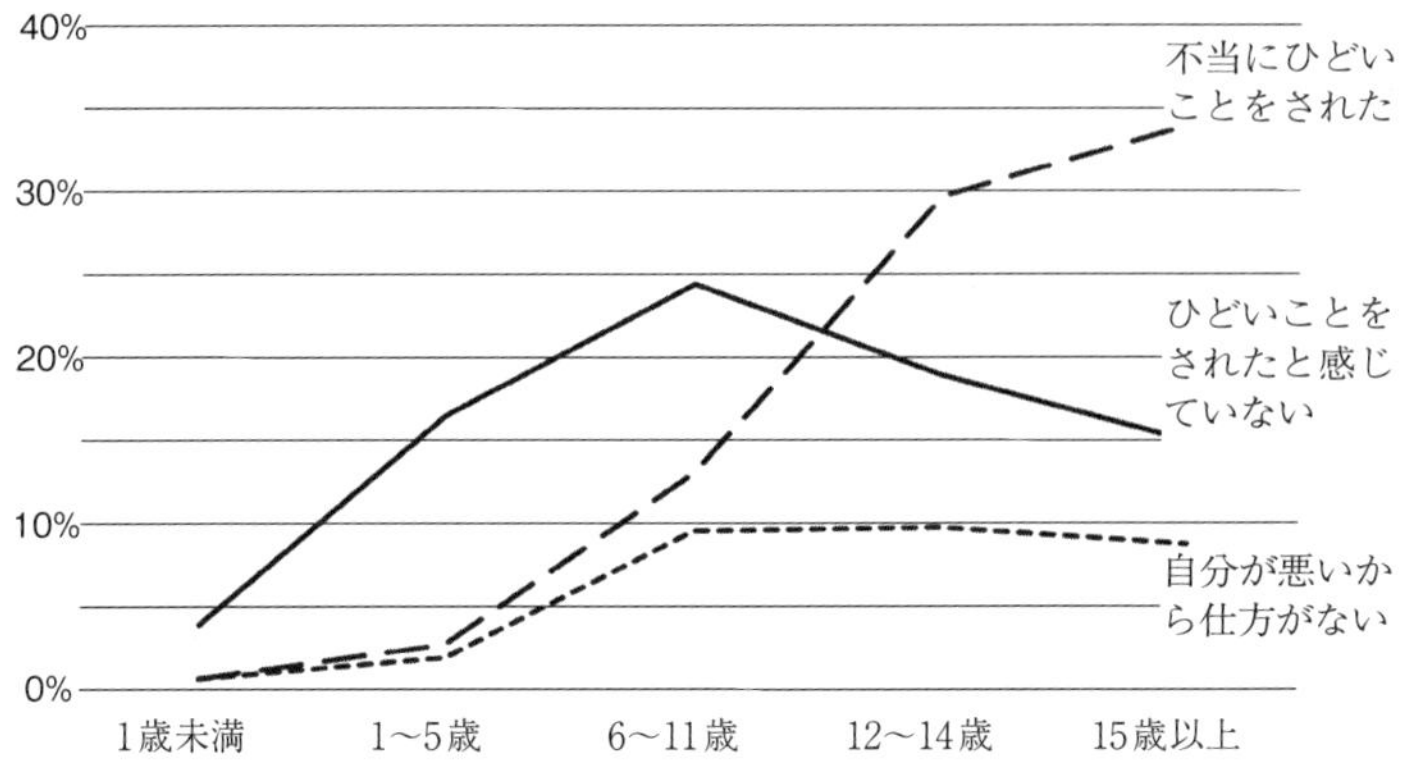


図6　子どもの虐待の認知
〈森田（2019）より髙田が作成〉

じる率は、年齢が高いほど増えていきますが、小学生までは、「ひどいことをされたと感じていない」、または「悪いことをしたから仕方がないと思っている」子どもの方が多いのです（図6）。そして、悪いことをしたからと感じている子どもでは、落ち着きのなさが二五・七％に見られ、「不当にひどいことをされたと感じている」一三・七％、「感じていない」は九・七％より多くなっています。「反社会的な問題行動」でも、悪いことをしたからと感じている子どもでは八・八％に見られ、「不当にひどいことをされたと感じている」五・二％、「感じていない」は二・六％より多くなっています。

これらの結果から、小学生の頃は落ち着きのないことは悪いと思っていても治せず、保護者からの虐待的な対応を受け、さらに落ち着きを失うという悪循環が続いてしまうと推測されます。実際に、「子どもが困らせることをするため、どうしていいかわからなかった」と保護者が訴えることはよくあります。私の経験でも、長い間虐待を受けてきた子ども達に接していると心をかき乱されることが多く、保護者が被害的になってしまうことは理解できます。子どもが自分が悪いと感じて訴えず、保護者も他の人に頼れないと、虐待が長引きさらに症状を生むという悪循環が起きます。

児童福祉施設で暮らす子ども達の様子からは、「どうせ自分の思いは聞いてもらえない」、「将来どうなってもいい」など自分を大切に思えない様子（自己評価の低さと関係します）が大変気がかりです。将来こうなりたいとか自分をよくしようという気持ちが湧かないために、様々な課題にも立ち向かえず支援を求めません。自分をコントロールする力も弱く、努力で状況を変えられると思えなくなっています。このような子ども達には、自分で選んで行動し責任を取ろうとする主体性を身につけることが大切です。日々の生活の中で、自分の思いを大切してもらい、こうなりたいという目標を持てるようになること、周囲の大人達が助けてくれると思えることが支援の目標になります。虐待の影響が大きいほど、時間がかかり根気のいる支援が必要になります。

## 4　保護者への支援

児童虐待は、子どもと保護者の関係がこじれ悪循環が進んでいることがほとんどです。本人達にとっては不本意でしょうが、第三者から「虐待」と通報されたことで支援を受けるきっかけをつかむ場合もあるでしょう。硬直した悪循環をほぐすために、子どもや保護者が誰かに支えられ少しでもほっとすること、場合によっては子どもが家庭から離れお互いに冷却期間をおくことも必要です。ここでは、保護者への支援の実際を見てみましょう。

### 1　児童相談所による支援（森田 二〇一九の調査から）

これまで述べてきたように、虐待を行なったとされた保護者は、人間としてひどい保護者というよりも、生きづらさを抱え支援が必要な保護者と考えるほうが実情にあっています。子育てが難しい状況にある中で、児童相談所の職員による面接を行なった家族は、虐待を行なったとされた六三〇〇件の七〇・三％です。三回以上あっているケースは二二・九％です。児童相談所の援助の働きかけに応じた家族は二七・八％です。援助を求める保護者は二割でしたが、虐待と言われてしまう状況のままでよいとは思えず、受け身ではありますが児童相談所の支援を受ける保護者が多いと推測されます。児童相談所での面接と同じくらいの割合で家庭訪問による面接も行なわれています。家庭の様子を見るためという理由もありますが、様々な事由で来談できない保護者が多く支援者が出向くことが必要な場合も多いのです。

児童相談所の働きかけによってサービスが導入された家族は二四・四％です。二・一％の保護者が生活保護を受けるようになっています。一般に子どものいる家庭の受給率は一・四％程度ですから意味のある数字だと思います。また、三・〇％の保護者が精神科を受診するようなり、二・四％がＤＶ被害者支援機関やサービスを利用するようになり、一・二％の保護者がヘルパーを利用するようになるなど、福祉や医療面での支援が行なわれています。また、一・九％の子どもが精神科受診に、一・一％の子どもが精神科以外の医療機関受診につながっています。

一方、親教育などに関する特別なプログラムが導入された割合は二・七％に止まっています。保護者を変えるというよりは、まずは生活の支援が必要で行なわれている現状があります。畑（二〇一三）は、児童相談所などの機関が、家族に寄り添いながらあり続けることが大切で、それにより何とか「家族」として地域で生活し続けられることが可能な親子がいると述べています。

## 2　支援機関による保護者支援の実際

次に、地域の支援機関がどのように支援を行なっているかを、厚生労働省（二〇一三）が発表した支援事例集から紹介します。一例目は、児童家庭支援センターが「ホームスタート」（訪問型子育て支援）を利用して支援した事例です。

三歳児健診でネグレクトを疑われたため保健センターが関わりを始めました。母親は、膠原病を患っていて、本児を出産後うつ状態が続いていました。母親は個別相談や家庭訪問を断っていましたが、児童家庭支援センターの訪問型子育て支援のチラシを見て申し込みました。センターの相談員とボランティアが家庭を訪問し、母親の話を聞くと共に、ボラティアと子どもの遊ぶ様子を母親に見てもらいいっしょに遊ぶことを何回か行ないました。その中で母親は、「第三者の意見がとても参考になった」、「落ち込むことが少なくなった」、「人との関わりが増え、いっしょにやりたいと感じるようになった」、「物事の捉え方が変わった。子育てに余裕ができた」と感想を語り、遊びの中で、「子どもの笑顔を見るのがうれしい」、「自分がこんなふうに変わるとは思わなかった」と語るようになりました。子どもに思うように関わってあげられないという自覚があって、子どもに関わってくれる人を求めていたのでしょう。相談よりも実際に子育ての手助けを受け、母親も想像しなかった変化が生まれた事例です。

次は、母親の育児不安により子どもがネグレクト状況に置かれていたためで、その軽減をめざして母親ミーティング（自助グループ）を利用した事例です。

小学一年生と二歳の子どもの母親です。母親は電話相談で、育児不安を訴えていました。「大きな声を聴くとドキドキする。男の人が複数集まっていると恐怖を感じる。保護者同士の交流は苦手で苦痛だが、交流しようと努力している」と語り、「自分が不安だと、子どもが不安を感じているのではないかという思いが強くなる」と語りました。子育てができないと思うと言う一方、自分の親とは違う子育てをしたいと思っていました。実際は、不安を感じると子どもに関心が向かず、子どもの衣服がちぐはぐだったり季節にそぐわない服装だったり、やや清潔に欠けることも見られ、ネグレクトの状態が見られました。しかし、不安が大きくなければ世話は行き届いている状態でした。父親や父方祖父母が手を貸してくれても、手を出さないでほしいという気持ちを強く訴えたり、「自分ができないから（そう言うの）か」という被害的な思いを語っていました。

相談員が母親ミーティングを勧めると参加するようになりました。そこで、自分の子育ては「どうしたらいいかわからない状況」であることに初めて気づき、それが自分だけではないことに気づきます。

ミーティングを振り返る個別面接も行ないました。そのうちに、子どもが不安そうと決めつけて、子どもの自由な行動に制限を加えたり遊びを切り上げることが、減ってきました。自分のことと子どものことを分けて見られるようになってきたので、医療受診を勧めると、母親は「恐怖感が辛い」と語るようになり、受診するようになりました。

電話相談では、母親の感じる恐怖感を話題にして、目の前で起きていることと恐怖感の区別をつけるように支援しました。次第に祖父母との関わりも改善され、援助も受けられるようになりました。一〇年経過して年に一回程度の電話相談が続いています。母親ミーティングをきっかけに相談が進み、医療へもつなげた事例です。相談が軌道に乗るまでの工夫がこの事例でも見られます。

### 3　児童福祉施設での保護者支援

虐待の程度が重い場合、子どもを施設に入れることになります。子どもが施設に入っても保護者との縁が切れるわけではなく、施設も保護者と子どもがよい関係を新たに築けるように支援を行ないます。「虐待する保護者」として保護者に会うのではなく、保護者を支える立場として会います。保護者をねぎらうことから始め、保護者が自分の苦労を語り、いっしょに子育てができるような関係を作ろうとしています。

児童福祉施設で働いている筆者も、入所児の保護者から「あのまま一緒に暮らしていたら、虐待のニュースに出ていました」、「包丁を持ち出していたかも」、「母も子も共倒れでした」、「離れてみて冷静になれた」という言葉を聞いたことがあります（髙田・滝井二〇〇八）。それほどに追いつめられるまで頑張っていたのです。保護者は、自分が子どもを育てきれず、第三者に預けねばならないことに深く傷つきます。その傷つきから、子どもや支援機関に否定的な姿勢や攻撃的な言動を見せることもあります。

保護者に日頃から子どもの様子を伝え、共に子どもの生活方針を話し合うようにしていきます。希望の芽を摘み取らないように、今できそうな保護者と子どもの関わりを探り、折り合いながら関わり続けられることをめざして試行錯誤を続けていきます。「毎月買ってたので、私も子どもの頃楽しみだったんですよね」と少女漫画雑誌を届けに来たり、「ピーマンが食べれるようになったと聞いてびっくりしたので」とお弁当を持ってきていっしょに食べることを希望した保護者もいます。

このように、一度離れて暮らし、徐々に交流を増やしていく中で新たな関係を築いていきます。交流や一時帰宅を繰り返し、保護者が「これからは私が面倒をみます」と覚悟し、その家族なりのやり方でいっしょに暮らすことが理想です。

しかし、あえていっしょに暮らさない道もあります。ある小学生の少女が、一時帰宅中に家族のためにとお味噌汁を作りました。しかし、継母は口をつけられませんでした。一時帰宅が終わって継母は電話で、「どうしても飲めなかった。申し訳ないけど生理的にだめなんです」と泣かれました。「ひどい母親」と責め、子どもの気持ちをくんで欲しいと少女と関わることを強いたり、逆に関わることを制限していれば、母子の関係は途絶えたかもしれません。少女は施設での生活を続け高校生となってアルバイトもするようになると、継母と電話でおしゃべりするようになり、いっしょに暮らさないけれど「仲のよい」関係になっていきました。このように、子どもと家族がいっしょに暮らさなくても、お互いを大事な人として関わり続けられようになることが大切だと思います。

## 5 子育ての難しさ

これまで見てきたように、虐待は様々な理由で子育てに余裕が持てなかったり、不安を抱える保護者が行なってしまう傾向があります。そして、虐待に因る子どもへの悪影響がさらに子育てを難しくして事態が悪化していきます。親を責めるのではなく、子育ての支援が必要なのです。本章の最後に、支援すべき子育てについて、実母の思いにそってさらに考えてみましょう。

普通に母性がある人であれば、自然に子どもを愛おしく思い子育てに専念すると考えられがちですが、本当にそうなのでしょうか。そのような考えがあまりに強いため、子育てにまつわる保護者の複雑な思いを語ることがはばかられる傾向がありますが、それを踏まえなければ支援を行なえません。

ハーディー（二〇〇五）は、「いったん授乳が始まると、続いて起こる一連の出来事を表すには隷従という言葉がぴったりだ。母親は内分泌系、感覚系、神経系の全ての面で、乳児の欲求に奉仕し、自分の子孫に貢献するように改造される」（『マザー・ネイチャー』下巻）と述べています。この「隷従」ともいえる強烈な状況を、「赤ちゃんの命を守る責任を持っているのは私なんだ」、「子どもが求めているものを与えられる自分は確かに母親なのだ」という感覚を抱いて快く引き受ける母親は多くいます。

しかし、子育ては慢性的な強烈な疲れを招き、家事などが忙しく子育てに専念する余裕がない場合や働く必要がある場合は、複雑な思いをもたらします。また、自分の時間を奪われたりペースを乱されたりして怒りを覚えることや、子どもが求める時の圧倒的な力に恐怖すら感じることもあります。過去の虐待など外傷的な記憶にとりつかれ、子どもと接している時に怯え、混乱することがあることも研究でわかっています（遠藤 二〇〇七）。ハーディーは「育児の理想と現実のあいだには、巨大な溝が存在するのだ」とも述べています。

母親の心模様について、乳幼児精神医学者であるスターン Stern（二〇一二）『母親になるということ』を参考に考えてみましょう。スターンは、「確かに母親なのだ」という感覚はそんなにあたり前に持てるわけではなく、様々な悩みや不安を母親が抱えると述べています。「妊娠中に育ててきた想像上の子どもと、目の前の子どもの違い」、「思っていた母親である自分のイメージと現実の自分の違い」、「思い描いていた家族像と現実の家族との違い」などに戸惑い、「私は子どもを愛せているだろうか、そもそも愛するつもりがあるのだろうか」、そして「人間という動物として自分は適性があるのだろうか」という心配まで湧きあがってくると述べています。

このような戸惑いから、母親は他の女性達に関心が向くようになり、認められたいという思いが湧きあがります。夫ではその役は荷が重く、子育て経験者や自分の世話をしてくれた人との交流が望まれます。一人で過ごさなくてすむようなことや、サポートを求めて連絡を取り合うことは、心理的に必要なことだと述べています。

そして、子育てについてスターンは、「完璧はないし、完璧であることは子どもによくない。ずれた行動・不器用な行動が子どもの対処能力を伸ばす」と述べています。願うのは、「私たちの犯す過ちが深刻すぎるものでありませんように」、「過ちが正されないままあまりにも長く放置されませんように」ということで、「一番大切なのは、自分が何を経験しているのかを探り、それを他の誰かと共有する道を見つけること」と述べています。

保護者から子どもへの関わりが強調されることが多いのですが、子どもが親にあわせる力はかなりあります。保護者が完璧に振る舞わなければならないということではなく、お互いが心地よく過ごせるように、子どもの心の動きに思いを寄せられる余裕をつくることが大切です。

## 6　おわりに

児童虐待をテーマに子育てについて考えてきました。子育ては、過去に比べ格段に時間をかけ、こまやかになっています。子どもと向き合う時間は、子どもに飲み込まれ、吸い取られる経験につながります。ゆとりがなければ自分を失う経験になってしまいます。「あるべき」とされる子育てのレベルが格段に高くなっていると同時に、価値の多様化、自由の思想は、世間一般の家族像という後ろ盾を失わせてきています。

理想はいろいろ語られますが、及第点はあまり示されません。一人ひとりの親が子育てをその人の責任で考えなければならない時代になっています。すべきことよりしてはいけないことを考えるほうが、わかりやすいかもしれません。その意味で虐待はしてはいけないことの例です。

そもそも子育ては、不安や戸惑いの大きなものであり、支えられるべきものであるのに、周りからの理解がえられない恐れから孤立と意固地さを生んでしまうことは悲しいことです。湧き上がる不安や恐れを周りの人に頼ることで減らし、ゆとりを持つことが望まれます。報道されるような極端な例ではなく一般的には、「虐待」というしてはならないことをしてしまった裏に、様々な事情で子育ての支援がえられてこなかった保護者と子どもの姿が見えてきます。

虐待という言葉で保護者を責めるのではなく、「虐待」とされる行為が支援を求めるサインで、周囲の人と手を携えて行なう本来の子育てを行なうきっかけであると考えることが必要でしょう。

第12講▼「児童虐待問題」へのまなざし・Ⅲ

# 親の持つ意味

●……………虐待をてがかりにして……………

この表題に違和感を覚えた方がいるのではないでしょうか。親の意味など改めて考える必要もないあたり前のことだと思う人も多いでしょう。しかし、私にとっては時折頭に浮かびながらいつかきちんと考えなければと思っていた問いです。また、このような依頼が来たことからもうかがえるように、今この問いを考える必要が出てきたように思われます。この機会に、現場で感じてきたことをもとに、この問いに触発されたことを書いてみます。

児童心理治療施設には現在、虐待を受けた子どもの中でも、精神的にもろく学校などの子ども集団に適応できない子どもが多く集まっています。虐待を受けた子どもの多くは、自分の思いを大切にしてもらった経験が少ないため「どうせ大人は困ったときに助けてくれない」という大人に対する不信があって、「将来なんてどうなってもいい」と大人になることに夢を持てなくて、今よりよくなるために治療を受けるという思いも弱いのです。共同生活や職員との関わりを通して、まずは将来に希望が抱け、困ったときに人に頼れるようになることを目標に支援をしています。

職員は、子ども達の養育を行ないながら心理的な発達を促す、いわば親代わりの役割です。虐待によるトラウマなど生きづらさを生み出す過去の影響を減らし、健全に成長できるように支援することは、「育てなおし」と呼ばれることもあります。職員は、「子どもが健やかに育つためにはどのような経験が必要なのか」、「子どもにとって養育者はどのような存在であることが望ましいのか」などと、自問しながら子どもと関わっています。また、子どもが将来親になるときのために、どういう経験が子どもに必要かという問いも浮かびます。このように「親の持つ意味」を問うことは、仕事として子育てに関わる者にとって本質的なことです。

## 1 親イメージと子育てイメージ

はじめに、親のイメージを調査した結果を見てみましょう。村瀬嘉代子は、「幼児たちは彼らの現実生活の実態とは、必ずしも一致しなくても、父親と母親に期待することを分化させて捉えている」（村瀬 二〇〇一）と述べています。そして、「悲しい時、誰にどのように相談するか」、「落ち着かないときや焦るとき、誰に側にいてほしいか」など、親が期待されることを示し、誰にしてほしいかを子どもに聞きました。「ほめられる」、「看病してもらう」、「落ち着かないときに側にいてもらう」などは、予想通り過半数の子どもが父親もしくは母親を選びました。また、小学生に比べ中学生は親以外という回答が増えていました。子どもは心の平安を与えてくれる一番の存在として親に期待していること、年齢が上がると親以外の人に頼る割合が高くなることが示されました。

子どもは実際に育ててもらった経験に根差した「親イメージ」と、親は子どもとこう関わるという「子育て」イメージを持っています。子どもは年齢が低いほど世話をしてもらわないと生きられないので、親に頼らざるをえません。親は常に適切に世話ができるわけではありませんが、子どもはそれまで味わった心地よい経験をもとに、ふだんはこうしてくれるはずだという期待を持ちます。おおよそ期待通りになれば、世話をしてもらうのはあたり前となり親イメージは安定したものになるでしょう。

一方、親が世話をしないことが多かったり、一貫性に欠けたりすると、親が世話をしてくれるか予想しがたくなります。親イメージは、期待と期待を裏切られる恐れの混在した複雑なおさまりの悪いものになるでしょう。

親はこうしてくれるという「子育てイメージ」は、一般的な「理想の親」イメージだけではなく親イメージも基盤となっています。思春期になって将来に目が向くようになると、子どもは自分が親になることを意識するようになり、子育てイメージが重要になってきます。

親にそれほど不満がない人は、自分の親を例に理想通りでなくとも「こんなもの」でいいと思えるようになります。改めて親になるためにと考える必要は小さく、自然に自分も親になると思えるでしょう。

一方、親に対して複雑な思いを抱え理想とはほど遠いと感じる人は、子育てイメージを理想に近いものにしてしまいます。子育てイメージが「こんなもの」というおさまりのよいものではなく、理想通りでないといけないという感じが強まると子育て不安につながります。

従来、子どもが生まれれば自然に親になるとか、子どもを目の前にすればどう育てるかが自然と引き出されると言われてきましたが、親になって戸惑い不安になることはあたり前のことです。昨今は、子育てに対する関心が高まり求められる子育てのレベルが高くなり、子育て不安の増加を招いているとも思われます（髙田 二〇一五）。

## 2　虐待を受けた子どもの親に対する思い

それでは、虐待を受けた子どもの親イメージと子育てイメージを手がかりに考えを進めましょう。虐待を受けた子どもは親をネガティブに捉えていると思ってしまいがちですが、子どもが自分の親を悪く言うことは少ないのです。支援者が親を悪く言うと、子どもは憤慨しそれがもとで支援者との関係が悪くなることもあります。虐待から逃れるように施設に入ることを望んだ子どもでも、いつかは家族と暮らしたいと願うことが多いのです。さらに、親から借金を頼まれて貸してしまう施設出身者の話を時折耳にします。返してもらえないかもしれないから断るように施設職員が忠告しても耳を貸さず、その職員に怒りを表すことすらあるのです。ほとんどいっしょに暮らしたことのない親に対しても同様のことはあるそうで、子どもの実親に対する思いの大きさがうかがえます。

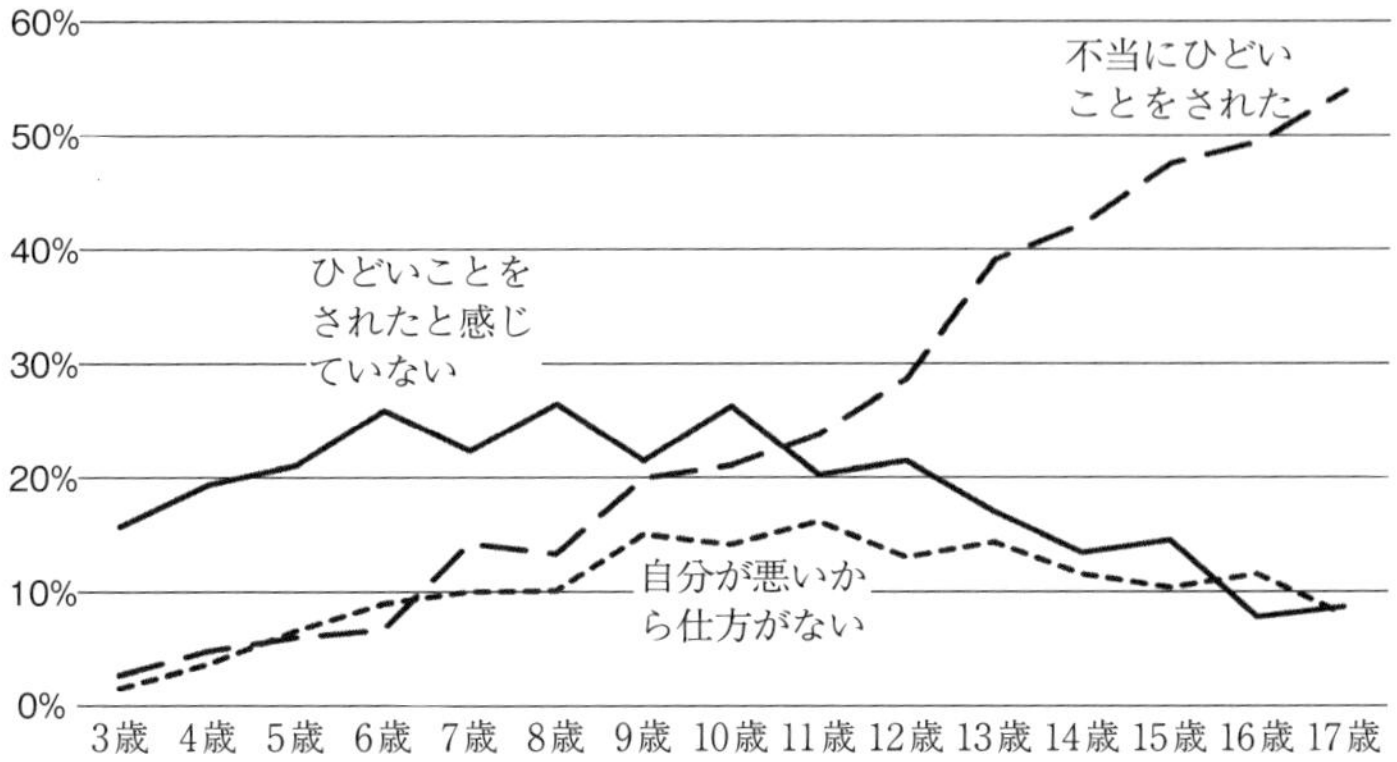


**図　子どもは虐待されたことをどうとらえているか**

〈桜山（2014）より高田が作成〉

図は、子どもが虐待を受けたことをどう感じているかについて、平成二五（二〇一三）年四月と五月の二カ月間に虐待を受けたと全国の児童相談所が認定したすべての子どもに行なった調査の結果です（桜山 二〇一四）。年齢が低いほど子どもの思いが確認できないことが多く全体で半数程度の回答ですが、一二歳までは、「ひどいことをされたと感じていない」、または「悪いことをしたから仕方がないと思っている」子どものほうが「不当にひどいことをされた」と感じる子どもより多くいます。年齢が低いうちは、親を悪く思いたくない、思えないという心理が読み取れます。親を頼る必要性が影響しているのか、親への依存が減る思春期になって、受けた虐待を不当と感じられるようになるようです。

## 3　施設で育つ子どもにとって親になること

親といっしょに暮らした時間が少ない子どもでも、親イメージを持っています。少なくても大切された経験や願望によるイメージと、虐待経験からのイメージが混在した不安定なものと思われます。施設の職員との経験から、実感を伴った理想に偏りすぎない適度な子育てイメージを作る子どももいますが、それが難しい子どももいます。交代勤務の施設が多く、担当職員以外の職員も関わるため、職員との関わりが一貫性をもちにくく、子どもにとって見通しが立てにくい面もあります。また、職員からの世話を子どもは自分だけに向けた特別なものと思えず、「本当の親なら」とより理想的なものを求めることもあります。世話をされた経験がいつも変わらぬあたり前のものになりにくく、「日々あたり前のように世話してもらった」という実感が乏しいため、子育てイメージも理想に近いおさまりの悪いものになりがちと思われます。

施設で育つ子どもの中には「親との関係が頭から離れたことがない気がするけど」（社会的養護の当事者参加推進団体日向ぼっこ二〇〇九）と、実親への思いや経験から離れて将来を考えられない子どもがいます。実親のようになるのではないか、自分が思い描く親（理想像に近い）になれるだろうかと悩む施設出身者も多くいます。理想の家族を作らなければならないけれど、子どもをどう育てればいいかわからないと悩む施設出身者もいます。「家庭、家族というあたり前のものを自分が築けたときにこれまで抱えてきた自分の傷を癒せるのかなあという気はします」（同前）というように、切実な願いと、裏腹に強烈な不安がうかがえます。

## 4　子どもが親になるために

子どもが将来親になるときのために、どういう経験を積めるとよいのでしょうか。子育ては理想通りにはいかないもので、「こんなものでも大丈夫」という感覚がないと不安になってしまいます。大丈夫という感覚は、世話してもらうのがあたり前と思える、長期間ほぼ一貫した育てられ方をした経験から培われると考えられます。こう述べると、実親がずっと育てなければいけないというように読めると思いますが、そういうつもりはありません。心理学の知見では、保育園に預けたことで子どもの成長に支障が生じるわけではないことが実証されていますし、子育てには多くの担い手がいるほうが望ましいともいわれています。一人親家庭の増加、保育所の利用の増加など家族形態、子育て環境が多様になっている現状にそって、子育てを考える必要があります。

現在、子どもの権利擁護の意識が強くなって、子育てに求められるレベルが上がっています。そのレベルでできないと親失格と見られるのではないかと感じてしまうこともあります。また、家庭で育てないといけないとか、実親が育てないといけないというような思い込みが強くなると、そういう育ちをしていない人は引け目を感じて、理想通りしなければという思いをより強くしてしまいがちです。施設出身者の中には施設で育ったことを引け目に感じている人がいます。育てられた環境がどうあれ、大切に育てられたと自信が持てることが重要でしょう。

施設によっては、担当職員が短期間で交代してしまうことがあり、自分を特別と思ってくれる人が常にいるという感覚を長期間持ち続けることが難しい場合があります。思うようにいかなくてもそのうち何とかなるという経験を、同じ人との間であたり前と感じられるまで積むことも難しいのです。職員が長く勤められる職場環境を作ることがまず必要ですが、ある程度一貫した関わり方をすべての職員ができるように情報共有を工夫したり、担当職員が交代する際には丁寧な引き継ぎとともに、担当以外で引き続きその子どもに関わる職員を確保するなどにより、担当交代の弊害を薄めることができます。

どのような環境であろうと、子どもが十分大切に育てられたという感覚を抱けるように子どもの意向を聞く機会を増やし、生活の中で自分で選択できることを増やすなど工夫を積むことが大切でしょう。子育ての本質を発達心理学や進化心理学などの知見から探り、誤った通説に惑わされず、過度に理想を追い求めることのないようにする必要があります。

## 5　おわりに

「親の持つ意味」という問いに触発されたことを述べてきましたが、「子どもにとって育てられるとは」という問いとともに、子育て支援の本質を問うことだと理解いただけたなら幸いです。養育の現状にあわせて育っていく子どもの力はとても大きく、理想的な養育形態を特定する必要はないでしょう。養育形態が多様化し、子育ては家庭だけではなく社会が行なうものという意識が強くなっている現在、子どもが求めるものの本質を広い視野で探究していくことが求められていると思います。

第13講▼「児童虐待問題」へのまなざし・Ⅳ

# 家庭に問題を抱えた子どもへの配慮

「家庭に問題」の「家庭」とはどういうものかから考えてみましょう。

感覚的に言えば、「うちの人」と生活している場でしょうか。「うちの人」と「他人」の区別があってうちのことは他人にあまり明かさない。つまり「秘密」にすることがあるという感じでしょうか。

「秘密」といっても、魅惑的な秘め事ではなく、他の人に知られたくない、話せないという意味での「秘密」もあります。そのような「秘密」として思い浮かぶものの一つは家庭の問題です。

誰と話していても、相手の家庭のことにふれるときは、家庭状況がおおよそ見えてくるまでは慎重になるものでしょう。相手が子どもだとなおさら気を遣います。家庭は誰にとっても大きな存在ですが、自立していない子どもにとっては、頼らなければ生きていけない大変重要なものです。もし家庭に問題があるならば、子どもはどんな思いを抱いて暮らしているでしょう。想像しようとするだけで気が重くなり、その複雑さゆえに戸惑い考えが先に進まなくなってしまうのは私だけでしょうか。この小論では、家庭に問題を抱えた子どもがどんな思いを抱くことが多いかなどを考え、子どもに接する時の配慮のヒントを示せればと思います。

## 1　家庭の問題を話題にするときの難しさ

ここで言う「家庭の問題」は当事者である子どもではなく、その子どもに関わる側が問題と考えることです。周囲は問題があると思っていても、子どもが自分の家庭に問題はないと感じている場合もあります。同じ家に暮らしながらも兄は家庭の事情を隠そうとするが、弟は素直に話してしまうということもあります。子どもの思いと関わる側の思いがずれることがあり、このずれが子どもに影響を与えることがあります。

例えば、外から見て経済的な問題がありそうな家庭においては、お金のことで我慢することが多くて「うちは貧乏だ」と思っている子どもがいます。その子どもに対して小遣いの話題を振ると、言い淀み気まずい空気が流れることがあります。その空気が子どもにさらに引け目を感じさせるかもしれません。逆に、気を使いながら小遣いについて聞いたのに、子どもがあっけらかんと「もらってない」と答える場合もあります。そこで質問した大人が意外というような怪訝な顔をすれば、子どもは自分の答えは変だったのではないか、自分の家は普通じゃないのかなと感じ、疑問を持ち始めてしまうかもしれません。

このように、「家庭の問題」と周囲が見ていること自体が、子どもに与える影響について考えることが大切です。

## 2　家庭の問題とされることに関して

まず、周囲が家庭の問題と思うことについて考えてみます。児童虐待、親の不和、離婚、近隣からの孤立、親の抱える障害、貧困や借金といった経済的な問題などが思いあたります。子どもの命が危ぶまれるような虐待などは明らかに解決すべき問題ですが、親の抱える障害などは問題ととらえること自体が差別であると見られることもあります。経済的問題もそれが親にとっては頭の痛い問題であっても子どもに不便を感じさせない状態であれば「家庭の問題」にまではなっていないと言うこともできます。周囲から見て「問題」とされるのは、放っておけないことばかりではなく、いわゆる尋常ではない、大変そうだからということも多く、普通ではないという理由のこともあります。

一方、子どもが他人に知られたくない、話したくない「問題」とはどういうものでしょうか。素朴に考えれば、他の人に知られてしまうと嫌なことが起きそうなことでしょう。深刻な例としては、性的虐待などひどい虐待が考えられます。打ち明けてしまうと家にいられなくなるかもしれない、家族がバラバラになるかもしれないと子どもが怖くなってしまう場合があります。また、虐待者から他の人に話すとひどいことが起こると脅されている場合もあります。それほど深刻でなくても、打ち明けてしまうと、変な家の子どもとか普通じゃない子どもと思われて、他の子ども達から疎外されてしまうと思って話せなくなることも考えられます。

子どもは、今の状態がつらかったとしても、どうなるかわからない状態になるよりはましと考える傾向は強いのです。不安を抱える子どもほど、変化に対応する自信がないので、変化を避けようとする傾向があります。周囲は相当に心配しているのに助けを求めようとしないのは、こういう傾向があるからでしょう。話しても悪いことにはならないという安心感がないと、大変なことは打ち明けられないものです。

自分の居場所が変わってしまうほどではないが、子どもにとって大切なものの価値を貶められるのは嫌なものです。親の文句を友人に声高に言っているのに、友人から自分の親を悪く言われて不愉快になった経験のある方はいらっしゃるでしょう。親に対する思いを考えさせられる調査として、子どもが虐待を受けたことをどう感じているのかについて、平成二五（二〇一三）年四月と五月の二カ月間に虐待を受けたと全国の児童相談所が認定したすべての子どもに行なった調査があります（桜山 二〇一四）。年齢が低いほど子どもの思いが確認できないことが多く全体で半数程度の回答でしたが、自分の受けた虐待について思いを語れた子どもの中では、一二歳までは、「ひどいことをされたと感じていない」、または「悪いことをしたから仕方がないと思っている」子どもの方が「不当にひどいことをされた」と感じる子どもより多くいました。

思春期になるまでは、親に問題があるとはなかなか思えないものであることが、この結果から推測できます。同様に、思春期に入って自分のことを客観的に眺められるようになるまでは、他の子の親や家庭と比較して自分の親や家庭を評価することはできず、唯一馴染んだ自分の親や家庭を普通と思うことも想像できます。そういう傾向があるため、子どもは自分の親や家庭を変な目で見られていると感じれば、家庭の話をしなくなることもあるでしょう。

## 3　普通ではないという思いをめぐって

子どもにとって、普通ではない、他の子ども達とは違うということは、なかなか受け入れられないことです。個性やユニークさが尊重される面があるものの、子どもにとっては、他の子どもといっしょ、同じという感覚は大切なものです。特に、日本の小学校はみんなといっしょでいたいという子どもの思いをうまく利用している面が強いです。三〇人近くの小学一年生がみな前を向き一人の教師の話をじっと聞くということがなぜ成り立つのか考えると、教師の力というよりは、子どもが他の子ども達と同じように動こうとする思いと、それを求める圧力が学校にあるからでしょう。

暮らしの中で辛いと思うことや薄々変だと感じることがあっても、その辛さを話すことで家庭が普通ではないと見られることになってしまうことは避けたい。そのような子どもの複雑な思いを汲まずに接すると、子どもは生きづらさを相談できなくなったり、話せないことを抱えている自分は普通ではないと感じたりしてしまいます。辛さに注目するとどうしても大変で普通ではないというニュアンスを伝えることになってしまいます。いろいろな家庭があって、多少の生きづらさを抱えているのは普通だという感覚を伝えらえるように関われればよいのですが、実際に行なおうとするとなかなか難しいです。

普通という感覚は大変曖昧で、どのくらいまでは普通か明確ではないので、普通に見られないことを避けようとするほど、普通の範囲はさらに狭まる傾向があります。家庭の問題を抱える子どもの中に、施設で暮らす子どもがいます。施設で暮らしていることに引け目を感じていて、それを同級生にも打ち明けない子どももいて、そのため学校で生きづらさを感じている場合も多いのです。家庭の問題に加えて普通ではないと思われてしまうという二重の生きづらさを抱えていることもあります。

## 4　学校教育と「普通」という感覚

ここで、本題から少しそれますが、「普通」をめぐって気になることを述べさせてもらいます。学校は集団に対して一律な課題を設定することが基本ですから、その課題によっては、子ども達に引け目を感じさせることがあります。私が小学生時代は、夏休みに「家族旅行の思い出」という作文を書く宿題がありました。旅行に行かない家庭の子どもは「普通は行くものなのに、自分の家は」とひっかかることもあったと思います。母の日、父の日なども同様です。「二分の一成人式」が行なわれる学校がありますが、施設や里親の下で暮らす子どもにとっては、複雑な思いを抱かされる課題です。

一〇年間育ててくれた両親に感謝するというストーリーを描けない子どもは多くいます。虐待を受けていた子どもは、過去を振り返るだけで情緒が不安定になる場合もあります。個別性が高くデリケートな問題に関して、ある方向が望ましいかのように子どもが感じてしまう指導が行なわれると、複雑な事情を抱える子どもにとっては、自分が普通でないという思いを深め、引け目を感じたり、疎外感を感じたりしてしまいます。自分の置かれている状況を話し他の人から意見をもらうこともできなくなるので、状況を客観的にとらえることもできなくなってしまいます。

離婚の増加、一人親家庭、ＬＧＢＴＱの問題など家族形態は変化していて、実父母がそろっている家庭を標準にすることは時代にそぐわなくなってきていると思います。多様な家庭のありようを前提にした指導が必要になっています。

## 5　おわりに

家庭の問題を抱える子どもをめぐって考えてきましたが、子どもにとって普通という感覚は子ども集団の中の居場所を作れるかということにつながることです。個別性の高い家庭の問題を話題にすることで、子どもにみんなとは違うという感覚を喚起させてしまいがちです。多様性が保障されて初めて、子どもは引け目を感じて卑屈になることなく、家庭に関する話し合いができ、いい面悪い面含めて客観的に自分の家庭を見られるようになるのでしょう。大人が多様性を尊重し、自分の感覚でよしあしを決めつけない、自分にとってのあたり前を常に見直す姿勢があるかが問われると思います。

# 引用・参考文献

はじめに

文部科学省初等中等教育局児童生徒課「令和二年度 児童生徒の問題行動・不登校等生徒指導上の諸課題に関する調査結果について」二〇二一年。

## ●心の素顔を眺めるために

### 第1講・子どもの心理治療・支援の考え方

遠藤利彦『「情の理」論――情動の合理性をめぐる心理学的考究』東京大学出版会、二〇一三年。

小林佳世子『最後通牒ゲームの謎――進化心理学からみた行動ゲーム理論入門』日本評論社、二〇二一年。

柴山雅俊『解離性障害――「うしろに誰かいる」の精神病理』筑摩書房、二〇〇七年。

滝川一廣・内海新祐編『子ども虐待を考えるために知っておくべきこと』日本評論社、二〇二〇年。

田嶌誠一『児童福祉施設における暴力問題の理解と対応――続・現実に介入しつつ心に関わる』金剛出版、二〇一一年。

長谷川和夫、猪熊律子『ボクはやっと認知症のことがわかった――自らも認知症になった専門医が、日本人に伝えたい遺言』KADOKAWA、二〇一九年。

林直樹監修『よくわかる境界性パーソナリティ障害――不安定な自分を変えていく、治療とセルフケア』主婦の友社、二〇一一年。

平木典子・柏木惠子編『日本の親子――不安・怒りからあらたな関係の創造へ』金子書房、二〇一五年。

藤岡淳子編『治療共同体実践ガイド――トラウマティックな共同体から回復の共同体へ』金剛出版、二〇一九年。

藤岡孝志『支援者支援養育論――子育て支援臨床の再構築』ミネルヴァ書房、二〇二〇年。

山極寿一『家族進化論』東京大学出版会、二〇一二年。

リサ・フェルドマン・バレット、高橋洋訳『情動はこうしてつくられる――脳の隠れた働きと構成主義的情動理論』紀伊國屋書店、二〇一九年。(Barrett, Lisa Feldman, 2018, *How Emotions Are Made : The Secret Life of the Brain*, London: Pan Macmillan.)

ユヴァル・ノア・ハラリ、柴田裕之訳『サピエンス全史――文明の構造と人類の幸福』上、河出書房新社、二〇一六年。(Harari, Yuval Noah, 2015, *Sapiens : A Brief History of Humankind*, London: Vintage Publishing.)

サラ・ブラファー・ハーディー、塩原通緒訳『マザー・ネイチャー――「母親」はいかにヒトを進化させたか』上、早川書房、二〇〇五年。（Hrdy, Sarah Blaffer, 1999, *Mother Nature : Maternal Instincts and How They Shape the Human Species*, New York: Ballantine Books.）

スティーブン・ピンカー、幾島幸子・塩原通緒訳『暴力の人類史』青土社、二〇一五年。（Pinker, Steven, 2012, *The Better Angels of Our Nature : Why Violence Has Declined*, London: Penguin.）

ステファン・ポージェス、花岡ちぐさ訳『ポリヴェーガル理論――入門心身に変革をおこす「安全」と「絆」』春秋社、二〇一八年。（Porges, Stephen W., 2017, *The Pocket Guide to the Polyvagal Theory: The Transformative Power of Feeling Safe*, New York: W. W. Norton & Company.）

H・R・シャファー、無藤隆・佐藤恵理子訳『子どもの養育に心理学がいえること――発達と家族環境』新曜社、二〇〇一年。（Schaffer, Heinz Rudolf, 1998, *Making Decisions About Children : psychological questions and answers*, Oxford: Blackwell.）

ヤーコ・セイラック、トム・アーンキル、斎藤環監訳『開かれた対話と未来――今この瞬間に他者を思いやる』医学書院、二〇一九年。（Seikkula, Jaakko and Arnkil, Tom Erik, 2014, *Open dialogues and anticipations : respecting otherness in the present moment*, Tampere: National Institute for Health and Welfare.）

ウィリアム・フォン・ヒッペル、濱野大道訳『われわれはなぜ嘘つきで自信過剰でお人好しなのか――進化心理学で読み解く、人類の驚くべき戦略』ハーパーコリンズ・ジャパン、二〇一九年。（von Hippel, William, 2018, *The Social Leap : The New Evolutionary Science of Who We Are, Where We Come From, and What Makes Us Happy*, New York: Harper wave.）

リチャード・ランガム、依田卓巳訳『善と悪のパラドックス――ヒトの進化と「自己家畜化」の歴史』NTT出版、二〇二〇年。(Wrangham, Richard, 2019, *The Goodness Paradox : The Strange Relationship between Virtue and Violence in Human Evolution*, New York: Vintage Books.)

## ●子どもの施設で過ごしてきて

### 第2講・私が臨床現場から学んできたこと

鯨岡峻『原初的コミュニケーションの諸相』ミネルヴァ書房、一九九七年。

熊倉伸宏『臨床人間学――インフォームド・コンセントと精神障害』新興医学出版社、一九九四年。

### 第3講・現場で感じてきたこと、現場を離れて考えたこと

青木紀久代「私的な勉強会での発表」二〇〇七年。

海野千畝子「被虐待児の愛着を修復する――こころのケアの役割」『こころの科学』一三四号、日本評論社、二〇〇七年、六一～六六頁。

遠藤利彦「愛着理論の現在――無秩序・無方向型愛着を中心に」『こころの科学』一三四号、日本評論社、二〇〇七年、二〇～二四頁。

数井みゆき・遠藤利彦編『アタッチメント――生涯にわたる絆』ミネルヴァ書房、二〇〇五年。

数井みゆき・遠藤利彦編『アタッチメントと臨床領域』ミネルヴァ書房、二〇〇七年。

鯨岡峻『「育てられるもの」から「育てるもの」へ――関係発達の視点から』NHKブックス、二〇〇二年。

久保田まり「愛着研究はどのように進んできたか」『そだちの科学』七号、日本評論社、二〇〇六年、二～一〇頁。

篠崎智範「児童養護施設職員の共感疲労とその関連要因」『子どもの虐待とネグレクト』九巻、二号、日本子ども虐待防止学会、二〇〇七年、二四六～二五五頁。

髙田治「生活場面を治療的に吟味するための試論」『心理治療と治療教育――情緒障害児短期治療施設紀要』十号、全国情緒障害児短期治療施設協議会、一九九九年、三五～四二頁。

髙田治・滝井有美子「入所治療施設における学校教育との協働の試み」沢崎俊之・斎藤憲司・中釜洋子・髙田治編『学校臨床そして生きる場への援助』日本評論社、二〇〇二年、一一三～一四〇頁。

髙田治「情緒障害児短期治療施設での臨床から」『東京大学大学院教育学研究科心理教育相談室年報』二号、東京大学大学院教育学研究科心理教育相談室、二〇〇七年、三三～四〇頁。

滝川一廣a「児童養護施設における家族再統合のための支援」東京都・首都大学東京連携研究シンポジウム、二〇〇七年。

滝川一廣b『児童虐待における援助目標と援助の評価に関する研究――被虐待児童の施設ケアにおける攻撃性・暴力性の問題とその対応』子どもの虹情報研修センター、二〇〇七年。

林もも子a「アタッチメントと思春期臨床」鍋田恭孝編『思春期臨床の考え方、すすめ方――新たなる視点・新たなるアプローチ』金剛出版、二〇〇七年、三六～五二頁。

林もも子b 私信、二〇〇七年。

村瀬嘉代子・伊藤研一・高橋利一「養護施設における子どもの自己像、家族像形成過程」『研究助成論文集』二七号二、安田生命社会事業団、一九九一年、一二三～一四一頁。

J・ボウルビィ、黒田実郎・大場蓁・岡田洋子・黒田聖一訳『新版　母子関係の理論I――愛着行動』岩崎学術出版社、一九九一年。(Bowlby, J., 1969, *Attachment and loss*, Vol. 1, London: Hogarth Press.)

ドン・R・カセロール「二次的外傷性ストレスの対処」後掲スタム（二〇〇三、七六～八七頁）所収。(Catherall, Don R., 1999, "Coping with Secondary Traumatic Stress : The Importance of the Therapist's Professional Peer Group," Stamm, B. ed., *Secondary Traumatic Stress: self-care issues for clinicians, researchers, and educators*, Lutherville, Md.: Sidran Press, 80-92.)

B・ジェームズ編、三輪田明美・高畠克子・加藤節子訳『心的外傷を受けた子どもの治療――愛着を巡って』誠信書房、二〇〇三年。(James. B. ed., 1994, *Handbook for Treatment of Attachment-Trauma Problems in Children*, London: Lexington Books.)

ジェイムズ・F・マンロー「セラピストの二次的トラウマに関連する倫理的問題」後掲スタム（二〇〇三、二〇一～二一九頁）所収。(Monroe, James F., "Ethical Issues Associated with Secondary Trauma in Therapists," Stamm, B. ed., *Secondary Traumatic Stress: self-care issues for clinicians, researchers, and educators*, Lutherville, Md: Sidran Press, 211-229.)

バーバラ・ロゴフ、當眞千賀子訳『文化的営みとしての発達――個人、世代、コミュニティ』新曜社、二〇〇六

年。(Rogoff, B., 2003, *The cultural nature of human development*, Oxford: Oxford University Press.)
B・H・スタム編、小西聖子・金子ユリ子訳『二次的外傷性ストレス――臨床家、研究者、教育者のためのセルフケアの問題』誠信書房、二〇〇三年。(Stamm, B. ed., 1999, *Secondary Traumatic Stress: self-care issues for clinicians, researchers, and educators*, Lutherville, Md.: Sidran Press.)

## 第4講・新設施設にビギナーズラックを

丸山広人『教育現場のケアと支援――場の力を活かした学校臨床』大月書店、二〇一六年。

高田治「情短施設でのケアと治療」『そだちの科学』二号、日本評論社、二〇〇四年、一〇〇～一〇五頁。

ジュディス・A・コーエン、アンソニー・P・マナリノ、エスター・デブリンジャー編、亀岡智美・紀平省吾・白川美也子監訳『こどものためのトラウマフォーカスと認知行動療法――さまざまな臨床場におけるTF-CBT実践ガイド』岩崎学術出版社、二〇一五年(Cohen, J., Mannario, A. and Deblinger, E. eds., 2012, *Trauma-Focused CBT for Children and Adolescents*, New York: Guilford Press.)。

Rappaport, J., 1995, "Empowerment Meets Narrative : Listening to Stories and Creating Settings," *American Jornal of Community*, 23(5): 795-807.

## ●子どもの生きる力へのまなざし

### 第5講・生活場面における心理発達支援の観点・その1


鈴木忠・西平直『生涯発達とライフサイクル』東京大学出版会、二〇一四年。

E・H・エリクソン、仁科弥生訳『幼児期と社会』みすず書房、一九七七年。(Erikson, E. H., 1950, *Childhood and Society*, New York: W. W. Norton.)

E・H・エリクソン、村瀬孝雄・近藤邦夫訳『ライフサイクル、その完結』みすず書房、一九八九年。(Erikson, E. H., 1982, *The life cycle completed*, New York: Norton.)

E・H・エリクソン、西平直・中島由恵訳『アイデンティティーとライフサイクル』誠信書房、二〇一一年。(Erikson, E. H., 1959, *Identity and the life cycle*, New York: International Universities Press.)


### 第6講・生活場面における心理発達支援の観点・その2


高田治「生活場面における心理発達支援の観点」『心理治療と治療教育――情緒障害児短期治療施設紀要』二六号、全国情緒障害児短期治療施設協議会、二〇一五年、二三～二九頁。

高田治「少年非行の動向」高田治・野村俊明・大塚斉編『少年非行』福村出版、二〇一九年、一四四～一五二頁。

乳幼児保育研究会『続・発達がわかれば子どもが見える』ぎょうせい、二〇一三年。

山上雅子『子どもが育つということ――身体と関係性の発達臨床』ミネルヴァ書房、二〇一八年。
アン・アルヴァレズ、脇谷順子監訳『子どものこころの生きた理解に向けて――発達障害・被虐待児との心理療法の3つのレベル』金剛出版、二〇一七年。(Alvarez, A., 2012, *The thinking heart : Three levels of psychoanalytic therapy with disturbed children*, London: Routledge.)
グレイアム・ミュージック、鵜飼奈津子監訳『子どものこころの発達を支えるもの――アタッチメントと神経科学、そして精神分析の出会うところ』誠信書房、二〇一六年。(Music, G., 2011, *Nurturing natures : attachment and children's emotional, sociocultural, and brain development*, East Sussex: Psycholigy press.)

## 第7講・生活場面を治療的に考え直すための試論

鯨岡峻『原初的コミュニケーションの諸相』ミネルヴァ書房、一九九七年。

鯨岡峻『両義性の発達心理学――養育・保育・障害児教育と原初的コミュニケーション』ミネルヴァ書房、一九九八年。

四方燿子・髙田治・増沢高・山喜高秀「情緒障害児短期治療施設における被虐待児の治療」『心理治療と治療教育――情緒障害児短期治療施設紀要』八、九号併号、全国情緒障害児短期治療施設協議会、一九九八年、六一～九一頁。

増沢高「チーム治療のなかで内なる〝バンパイア〟を克服した少年の事例」『心理臨床学研究』一五巻、六号、日本心理臨床学会、一九九八年、六四七～六五八頁。

山上雅子『物語を生きる子どもたち——自閉症児の心理療法』創元社、一九九七年。

横浜いずみ学園『横浜いずみ学園10年のあゆみ』（非売品）、一九九八年。

ジュディス・L・ハーマン、中井久夫訳『心的外傷と回復』みすず書房、一九九六年。（Herman. J., 1992, *Trauma and Recovery*, New York: Basic Books.）

D・N・スターン、小此木啓吾・丸田俊彦監訳『乳児の対人世界』一・二巻、岩崎学術出版社、一九九〇・一九九一年。（Stern, D., 1985, *The Interpersonal World of the Infant : a view from psychoanalysis and developmental psychology*, New York: Basic Books.）

R・D・ストロロウ、B・ブランチャフ、G・E・アトウッド、丸田俊彦訳『間主観的アプローチ——コフートの自己心理学を超えて』岩崎学術出版社、一九九五年。（Stolorow, R., Brandchaft, B. and Atwood, G., 1987, *Psychoanalytic treatment : an intersubjective approach*, Hillsdale, N.J.: Analytic Press.）

## 第8講・思春期問題援助論

メアリー・エイケン、小林啓倫訳『サイバー・エフェクト 子どもがネットに壊される——いまの科学が証明した子育てへの影響の真実』ダイヤモンド社、二〇一八年。（Aiken, Mary, 2016, *The cyber effect : a pioneering cyberpsychologist explains how human behaviour changes online*, London: John Murray.）

## 第9講・自閉症スペクトラムを疑われる思春期の子どもへの支援

青木省三「思春期の広汎性発達障害を援助する」『臨床心理学増刊』二号、金剛出版、二〇一〇年、七六～八一頁。

綾屋紗月・熊谷晋一郎『発達障害当事者研究――ゆっくりていねいにつながりたい』医学書院、二〇〇八年。

綾屋紗月「発達障害当事者研究」『臨床心理学増刊』二号、金剛出版、二〇一〇年、一〇一～一〇五頁。

小林隆児『自閉症の関係障害臨床――母とこのあいだを治療する』ミネルヴァ書房、二〇〇〇年。

小林隆児「児童精神科医と子育て論――発達障碍臨床からみた育児論の構築に向けて」『そだちの科学』一〇号、日本評論社、二〇〇八年、一六～二一頁。

髙田治・滝井有美子・井上真ほか「被虐待児への学習援助に関する研究――被虐待児の学習支援に関する研究」子どもの虹情報研修センター平成一八年度研究報告書、二〇〇七年。

髙田治・平田美音・辻亨ほか「情緒障害児短期治療施設におけるケアのあり方に関する調査研究」こども未来財団平成二一年度児童関連サービス調査研究等児事業等報告書、二〇一〇年。

田中千穂子編『発達障碍の理解と対応――心理臨床の視点から』金子書房、二〇〇九年。

橋本和明「触法行為をしてしまう発達障害者への支援」橋本和明編『発達障害と思春期・青年期――生きにくさへの理解と支援』明石書店、二〇〇九年、一一九～一五一頁。

ドナ・ウィリアムズ、河野万里子訳『自閉症だったわたしへ』新潮社、一九九三年。(Williams, Donna, 1998, *Nobody Nowhere : the remarkable autobiography of an autistic girl*, London: Jessica Kingsley Publishers.)

## ●「児童虐待問題」へのまなざし

### 第11講・日本の親子虐待


遠藤利彦「愛着理論の現在――無秩序・無方向型愛着を中心に」『こころの科学』一三四号、日本評論社、二〇〇七年、二〇～二四頁。

保護者子関係再構築支援ワーキンググループ「社会的養護関係施設における親子関係再構築支援事例集」、厚生労働省、二〇一三年。

桜山豊雄ほか「児童虐待相談のケース分析等に関する調査研究」平成二五年度財団法人こども未来財団児童関連サービス調査研究等事業、二〇一四年。

髙田治・滝井有美子「家族からの分離と再統合」中釜洋子・野末武義・布柴靖枝・武藤清子『家族心理学――家族システムの発達と臨床的援助』有斐閣、二〇〇八年、二一三～二一四頁。

滝川一廣「子育てと児童虐待」『そだちの科学』一〇号、日本評論社、二〇〇八年、八〇～八六頁。

滝川一廣『学校へ行く意味・休む意味――不登校ってなんだろう？』日本図書センター、二〇一二年。

畑千鶴乃「虐待の重症度と生活困難との関連」松本伊智朗編『子ども虐待と家族――「重なり合う不利」と社会的支援』明石書店、二〇一三年、三七～四五頁。

森田展彰「児童相談所の実態に関する調査」平成三〇年度子ども・子育て支援推進調査研究事業の国庫補助協議

報告書、二〇一九年。
サラ・ブラファー・ハーディー、塩原通緒訳『マザー・ネイチャー――「母親」はいかにヒトを進化させたか』早川書房、二〇〇五年。(Hrdy, Sarah Blaffer, 1999, *Mother Nature : Maternal Instincts and How They Shape the Human Species*, New York: Ballantine Books.)
ダニエル・N・スターン、ディア・B・スターン、アリソン・フリーランド、北村婦美訳『母親になるということ――新しい「私」の誕生』創元社、二〇一二年。(Stern. D. N., Stern, N. B. and Freedl, A., 1998, *The Birth of a Mother : how the motherhood experience changes you forever*, New York: Basic Books.)

## 第12講・親の持つ意味

村瀬嘉代子「子どもの父母・家族像と精神保健――一般児童の家族像の10年間の推移並びにさまざまな臨床群の家族像との比較検討」『児童青年精神医学とその近接領域』四二巻、三号、日本児童青年精神医学会、二〇〇一年、一八四~一九八頁。

高田治「なぜ虐待にいたるのか」平木典子・柏木惠子編『日本の親子――不安・怒りからあらたな関係の創造へ』金子書房、二〇一五年。

桜山豊夫「児童虐待相談のケース分析等に関する調査研究」財団法人こども未来財団児童関連サービス調査研究等事業、二〇一四年。

社会的養護の当事者参加推進団体日向ぼっこ編『「日向ぼっこ」と社会的養護――施設で育った子どもたちの居

場所』明石書店、二〇〇九年。

### 第13講・家庭に問題を抱えた子どもへの配慮

桜山豊夫「児童虐待相談のケース分析等に関する調査研究」財団法人こども未来財団児童関連サービス調査研究等事業、二〇一四年。

# 初出一覧

〈心の素顔を眺めるために〉

第1講・「子どもの心理治療・支援の考え方」（書き下ろし）。

〈子どもの施設で過ごしてきて〉

第2講・「私が臨床現場から学んできたこと――情緒障害児短期治療施設（児童心理治療施設）での臨床から」（原題＝「情緒障害児短期治療施設での臨床から」）『心理教育相談室年報』二号、東京大学大学院教育学研究科、二〇〇七年、三三～四〇頁。

第3講・「現場で感じてきたこと、現場を離れて考えたこと――子どもへの支援、職員のサポートについて」（原題＝副題の「援助」を「支援」に変更）『心理治療と治療教育――情緒障害児短期治療施設紀要』一九号、全国情緒障害児短期治療施設協議会、二〇〇八年、一六〇～一六九頁。

第4講・「新設施設にビギナーズラックを――新設施設に治療的文化を作るために」『心理治療と治療教育――情緒障害児短期治療施設紀要』二八号、全国情緒障害児短期治療施設協議会、二〇一七年、二六～三二頁。

〈子どもの生きる力へのまなざし〉

第5講・「生活場面における心理発達支援の観点・その1――現場に役立つ子どもの心を語る言葉の共有をめざして」『心理治療と治療教育――情緒障害児短期治療施設紀要』二六号、全国情緒障害児短期治療施設協議会、二〇一五年、一一三～一一九頁。

第6講・「生活場面における心理発達支援の観点・その2――乳幼児期の心理発達とそれに必要な養育者の関わり」『心理治療と治療教育――情緒障害児短期治療施設紀要』三一号、全国情緒障害児短期治療施設協議会、二〇二〇年、二六～三三頁。

第7講・「生活場面を治療的に吟味するための試論――乳幼児の親子関係に関する視点より」（原題＝「生活場面を治療的に考え直すための試論」）『心理治療と治療教育――情緒障害児短期治療施設紀要』一〇号、全国情緒障害児短期治療施設協議会、一九九九年、三五～四二頁。

第8講・「思春期問題援助論」（書き下ろし）。専門里親認定研修講義資料（恩賜財団母子愛育会）。

第9講・「自閉症スペクトラムを疑われる思春期の子どもへの支援」（原題＝「施設の生活から見えてくる発達障害児の支援」）『家族心理学年報』二九号、金子書房、二〇一一年、一八～三〇頁をもとに大幅に加筆。

〈「児童虐待問題」へのまなざし〉

第10講・「深刻な虐待を受けた子どもの心模様」『心理臨床の広場』五巻一号・通巻九号、二〇一二年、二〇～二一頁。

第11講・「日本の親子虐待――なぜ、虐待にいたるのか」（原題＝「なぜ、虐待にいたるのか」）平木典子・柏木惠子編『日本の親子――不安・怒りからあらたな関係の創造へ』金子書房、二〇一五年、一八八～二〇六頁。

第12講・「親の持つ意味――虐待をてがかりにして」『児童心理』二〇一七年八月臨時増刊、金子書房、二〇一七年、三三一～三三八頁。

第13講・「家庭に問題を抱えた子どもへの配慮」『児童心理』二〇一九年一月号、金子書房、二〇一九年、八五～八九頁。

# あとがき

この四月に施設長を後進に任せ、職員育成支援部を立ち上げ、そこの部長になりました。還暦を迎え、これからも大きく変わっていく将来を後進に背負ってもらうタイミングとしてよかったと思います。

これまで私は、基本的に自分のやりたいことだけをしてきたと思います。後進を導くとか何かを教えるということには関心が向かず、先輩からお叱りを受けたこともありました。そんな私でも、こんな時代だから伝えた方がいいことがあるのだろうという思いが強くなり、この本を作りました。大学院を出て三四年間児童心理治療施設の心理士、施設長として歩ませてもらいました。この貴重な現場で、児童福祉施設における心理支援について私なりに考えてきたことをまとめた本を、このタイミングで出せたことは嬉しいです。

教えをこうことが下手で、自分の思いを脇に置くこともできない私を、多くの先生や先輩が見守り可愛がってくださいました。ですが、私が下の人達を可愛がったという覚えはありません。そんなことで、この本も教えるというよりも自分の考えてきたことを受け取ってくれないかなという感じです。若い人達には、民主主義や権利擁護など人類がよりよい社会に近づこうとする歩みの上に、自分達の実践を位置づけ、振り返り、多様な人達と対話をしながらよりよい支援を模索していって欲しいと思っています。

編集の伊藤晶宣さんは二〇年以上前から時折誘って下さり、話を重ねてきましたが、何となく世に問うほどものがないという思いで、本を出すことはうやむやにしてきました。そんな不義理を果たしてきたのに、今回の出版を快く引き受けていただきありがとうございます。世織書房は世に問いかける内容の本を出版していますが、その出版社からこのような本が出せたことは、ちょっとした自慢になりそうです。

この本に書いたような歩みを進められたのは、多くの方の支援があってこそです。横浜いずみ学園の立ち上げからお世話になり、七年前には川崎市に川崎こども心理ケアセンターかなでを立ち上げなど、これまで私の勝手な思いをかなえ応援してくださった社会福祉法人横浜博萌会の方々、関係者の方々には感謝してもしきれません。この道に誘って下さった四方燿子先生、大学院のころから今に至るまで気にかけてくださっている近藤邦夫先生をはじめ、多くの方の支えがあってここまで来れました。お一人お一人の名前はあげませんが、ありがとうございます。そして、これまで関わる機会を持てた子ども達、家族の方々に感謝します。

題字は、中学、高校の同級生である江原見山先生に書いてもらいました。ご自身の作風よりも、私がお願いした「受けっとってね」という感じを大事にしてくれたそうです。嬉しくて何人かに見せたところ、そっと差し出される感じがじわーと伝わってきたといった感想を口々に寄せてくれました。本当にありがとう。

家族をはじめ多くの人に恵まれ、この本が出せたことを感謝します。

最後に、お世話になった多くの先輩の中でも、今年一月に亡くなられた野村俊明さんにこの本を見ていただけなかったことが悔やしいです。大学院時代から私の実践を側から見て下さり、私を仲間として気さくに接して下さいました。いっしょの仕事をしようと動き出した矢先に病に倒れられました。謹んでご冥福をお祈りします。

二〇二二年四月　桜の葉も輝く初夏を覚える日に

高田　治

〈著者プロフィール〉
高田　治（たかだ・おさむ）
1961年大阪市生まれ。1988年、東京大学大学院教育学研究科教育心理学専攻博士課程中退。同年、社会福祉法人横浜博萌会「情緒障害児短期治療施設横浜いずみ学園」就職。同園長、社会福祉法人横浜博萌会「情緒障害児短期治療施設川崎こども心理ケアセンターかなで」施設長を経て、現在、同会「児童心理治療施設川崎こども心理ケアセンターかなで」職員育成支援部長。
共編著書に、『少年非行』（福村出版、2019年）、『子どもの心をはぐくむ生活——児童心理治療施設の総合環境療法』（東京大学出版会、2016年）、『学校臨床心理学への歩み——子どもたちとの出会い、教師たちとの出会い』（福村出版、2010年）、『心理援助のネットワークづくり——「関係系」の心理臨床』（東京大学出版会、2008年）などがある。

施設心理士から伝えたいこと
——児童心理治療施設などで働くケアワーカーへ向けて

2022年6月1日　第1刷発行


| | |
|---|---|
| 著　者 | 高田　治 |
| 題　字 | 江原見山 |
| 装　画 | 金子知子 |
| 装幀者 | M. 冠着 |
| 発行者 | 伊藤晶宣 |
| 発行所 | (株)世織書房 |
| 印刷所 | 新灯印刷(株) |
| 製本所 | 協栄製本(株) |

〒220-0042　神奈川県横浜市西区戸部町7丁目240番地　文教堂ビル
電話045(317)3176　振替00250-2-18694

乱丁本はお取替えいたします　Printed in Japan
ISBN978-4-86686-028-2